Mme Dorriman

Un roman.

2ieme volume

Mme Henry Wayland Chetwynd

Writat

Cette édition parue en 2024

ISBN : 9789359944104

Publié par
Writat
email : info@writat.com

Contenu

CHAPITRE I.

L'homme propose... et les femmes interviennent parfois.

John y partit dans le seul et innocent but de transmettre les vœux de son maître à M. Macrae. Il a cependant constaté qu'il y avait deux côtés à cette question quant à toutes les autres questions.

M. Macrae était un homme corpulent et de bonne humeur, qui souffrait d'une certaine perplexité quant à la raison pour laquelle ses gilets avaient pris l'habitude de se relever sur le devant ; les gilets étant, supposait-il, fabriqués de nos jours selon des principes différents. Quand il était plus jeune, les gilets n'avaient pas cette mauvaise habitude. La coupe était probablement différente. Sa première action, lorsqu'il fut convoqué, fut de baisser son gilet, la suivante d'effacer quelques miettes imaginaires de ses manches de manteau, puis de relever la tête et de s'en aller. Mais le destin — et sa femme — sont intervenus. Mme Macrae était une femme légère, gentille et de bonne humeur, mais qui avait un sens aigu de ses propres intérêts et, qui étant plus capable que son mari de voir ces deux côtés d'une question, avait un léger mépris pour ses capacités intellectuelles.

« Si Sir Albert veut une petite conversation, j'irai moi-même, » dit-elle avec empressement ; "d'autant plus que M. Macrae ne peut pas quitter le bar aux heures les plus chargées de la journée."

"Mais tu t'en sortiras au bar aussi bien que moi", dit son mari sans réserve, se préparant à partir et pourtant pas tout à fait capable de s'affirmer avec autant de détermination.

« Ainsi que vous-même ! elle revint avec un profond mépris. "Je ferai aussi bien et mieux que vous dans les deux sens. Sir Albert souhaite probablement parler de son régime alimentaire, et qu'en savez-vous ?"

M. Macrae regarda John, qui dit doucement : « Je suis sûr que Maître serait heureux de vous voir, Mme Macrae, mais je devais en être sûr et vous dire, pas si vous étiez occupée.

M. Macrae a laissé les choses tranquilles. Il pouvait bien s'apercevoir de la grande incohérence des démarches de sa femme. Combien de fois ne lui avait-elle pas dit qu'il ne lui était d'aucune utilité et qu'elle serait mieux sans lui, et pourtant maintenant il ne pouvait pas être épargné du bar ne serait-ce que quelques instants. Il se contenta cependant de marmonner beaucoup de trahison contre le sexe en général, et contre sa femme en particulier ; puis il se tourna vers la contemplation de la rue et de la jetée ; il regardait les gambades de deux chiens et le déchargement d'une charrette, et laissait son gilet se froisser sans être dérangé.

John expliqua la situation dans un discours précipité à son maître, et, l'ayant laissé confortablement disposé pour le moment, sortit également sur la jetée pour voir autour de lui.

Mme Macrae regardait le jeune homme avec tout l'intérêt qui lui était naturel en tant qu'hôtesse, et une femme pleine de bienveillante sympathie. Sa forte constitution lui permettait de s'en sortir, mais il lui restait suffisamment de faiblesse et d'impuissance pour faire appel à toute la partie la plus gentille de sa nature.

"Je crains de causer beaucoup de problèmes, Mme Macrae", commença-t-il d'une voix douce, grave et riche - des tons qui joueraient en sa faveur n'importe où, pensa-t-elle.

"Oh, ne pensez jamais aux ennuis, monsieur. Nous sommes payés pour nous embêter," répondit-elle précipitamment, un raffinement inné la rendant désireuse d'atténuer son sentiment d'obligation.

" Ah ! mais vous n'êtes pas payé pour le prendre gaiement. Mon domestique dit que tout le monde a été si gentil et prêt à aider. Il faut que je me sente obligé et que je vous remercie. "

"Je suis sûr que vous êtes le bienvenu, monsieur. Comment est-ce arrivé ? C'était un terrible accident. Si cela ne vous fatigue pas de parler de tout cela, j'aimerais le savoir."

"Je suis fatigué du silence", dit-il agréablement, "mais si vous vouliez vous asseoir, Mme Macrae, ce serait très gentil de votre part. Vous voir debout me donne un sentiment de fatigue."

Mme Macrae obéit et approcha une chaise sur laquelle elle se plaça dans une attitude des plus inconfortables.

"Il y a peu de choses à dire", dit-il après un moment de pause. " Je me suis approché trop près du bord d'une carrière désaffectée, je pense, ou les pluies avaient miné le sol sur lequel j'étais ; en tout cas, j'ai fait un pas trop près d'une partie qui se tenait traîtreusement en avant, et je suis tombé d'une bonne hauteur, en prenant un quantité de pierres et de graviers avec moi. Ensuite, je ne me souviens de rien d'autre.

"Et j'ose dire que vous êtes resté longtemps avant que votre homme ne vous trouve, monsieur. Eh bien, cela aurait pu être pire, ils ne vous auraient peut-être pas trouvé si tôt."

"Oh, une jeune femme m'a vu en premier et elle a reçu de l'aide."

Une jeune femme ! Mme Macrae dressa les oreilles. Eh bien, ça allait être une romance, pensa-t-elle. "Une jeune femme !" dit-elle à voix haute ; "Il n'y en a pas autant ici, monsieur. Connaissez-vous son nom, monsieur ; en connaissiez-vous un ?"

"Je pense que je connais son nom", répondit-il, et il ouvrit le petit livre posé à côté de lui et le tendit vers elle. "La connaissez-vous ? Où habite-t-elle ?"

"Grace Rivières!" s'exclama Mme Macrae. "Eh bien, ces jeunes dames vivent ici depuis quelques semaines ; elles sont ici maintenant avec leur tante ; elles s'en vont justement. Et comment avez-vous obtenu ce livre ?"

"Elle l'a laissé, je suppose, lorsqu'elle a couru pour appeler à l'aide. Mon serviteur l'a trouvé et a pensé que c'était le mien, et il l'a apporté ici."

"Eh bien, c'est une chose providentielle par laquelle quelqu'un était, vous auriez pu être tué, monsieur, et mourir sans personne. Miss Grace Rivers. Oui, oui. C'est elle, même si c'est Miss Margaret qui divague toujours. "

« Quand je serai un peu mieux, j'aimerais voir Miss Grace Rivers, » dit Sir Albert avec quelque hésitation, « pour la remercier ; savez-vous où elle habite ?

"En effet, je ne le fais pas, monsieur, quand elle est à la maison ; mais elle et sa sœur sont ici en ce moment."

"Ici!" il s'est excalmé. "Tu veux dire dans cette maison ?"

"Oui, ici, monsieur, et il n'y a pas besoin de vous exciter ; ils sont ici avec une gentille dame tranquille, pas une vraie tante, mais en quelque sorte une parente avec eux, et ils partent tous bientôt."

"Oh, ils s'en vont ?" et Sir Albert se sentit inexplicablement déçu.

"Eh bien, monsieur, ils sont venus pour quelques semaines, et ils ont aimé l'endroit et la cuisine et se sont sentis à l'aise, et ils sont restés."

"Je suis sûr que je ne me demande pas", dit poliment Sir Albert, "si vous les rendez aussi confortables que moi."

"Hoot, monsieur, et vous qui avez déjà des slops. Comment pouvez-vous le savoir ?" et Mme Macrae rit confortablement ; elle commençait à se sentir à l'aise avec lui.

"Ah, les slops, ce sont des slops", dit-il avec une petite grimace, "mais il y a une bonne et une mauvaise façon de les envoyer. Je me souviens encore d'avoir été malade à l'école, et du bouillon gras et de la bouillie froide - de la bouillie *froide* . !"

"Et peut-être qu'il y aura une affaire payée pour toi là-bas ; eh bien, je ne crois pas aux écoles pour ma part."

"Maintenant, votre thé au bœuf est bon, même si j'en ai assez ; et le médecin ne vous a-t-il jamais parlé de mon déménagement ? J'ai hâte de sortir."

"Ech, monsieur, et vous êtes tous brisés — vous êtes merveilleux et si joyeux."

"Suis-je joyeux ? J'ai peur que vous voyiez votre propre reflet, Mme Macrae. Je me sens assez ennuyeux maintenant, je ne souffre plus. Mais je suis très reconnaissant", a-t-il ajouté d'un ton plus sérieux.

"Je suis sûr, monsieur, que nous sommes tous reconnaissants également. Cela aurait été vraiment dommage si vous étiez venu ici cadavre, et c'est également mauvais pour un hôtel à tout moment."

A ce moment, John entra et annonça le médecin.

"Je suis plus tôt que d'habitude, Sir Albert. Je dois partir loin, mais je voulais vous voir d'abord."

"Merci ! Je vais mieux vite."

"Et je souhaite sortir", a ajouté Mme Macrae, espérant voir le visage du médecin exprimer sa désapprobation et corroborer son idée démodée selon laquelle l'air frais est mauvais pour tous les cas de maladie.

"Bien sûr, dès que le mouvement ne vous fait pas mal, vous avez de graves contusions dont vous devez vous remettre, encore - mais à l'air frais. Oui, sortez dès que vous le pouvez - allongé ici, votre moral peut baisser. Oui, sortez aussi vite que possible. dès que possible. »

Sir Albert fit un sourire triomphant à Mme Macrae, qui se leva et les quitta, l'esprit très exercé sur ces méthodes nouvelles.

C'est ainsi que bientôt une chaise de bain transporta Sir Albert sur la route plate au bord de la mer, et que Mme Dorriman et Grace le rencontrèrent ainsi.

"Mlle Grace Rivers et sa tante, Sir Albert", dit John précipitamment, en les voyant arriver, et il fut envoyé par son maître pour les prier de venir lui parler.

Lorsqu'ils s'approchèrent, Sir Albert fut conscient d'une grande et immense déception. Il a dû rêver de l'expression du visage de la jeune fille, et même de la couleur de ses yeux. Ce visage était à la fois semblable et différent, et les yeux froids d'un bleu d'acier et la petite expression satisfaite de lui-même le repoussaient et rendaient ses remerciements un effort, se détestant tout le temps d'être si ingrat.

Il s'excusa auprès de Mme Dorriman d'avoir osé la retenir, mais il tenait tellement à exprimer à Miss Rivers, Miss Grace Rivers, tout ce qu'il ressentait.

"Oh ! Je n'ai rien à voir avec ça. C'était ma sœur, c'était Margaret," dit précipitamment Grace.

"Oui", a déclaré Mme Dorriman, "la pauvre Margaret est revenue à la maison très malade à cause de la peur et du choc."

"Je vais... je suis tellement affligé", commença Sir Albert.

"Elle va bien maintenant", dit rapidement Grace. "Après tout, elle n'a pas pu t'aider."

"Vous ne savez pas comment elle m'a aidé", dit doucement Sir Albert. "Sans son courage à rester et à me baigner le visage - même à me déplacer - je serais peut-être mort. J'espère avoir l'occasion de la voir et de lui exprimer mes remerciements en personne."

"Bien sûr que vous le ferez", dit brusquement Grace, impatiente du sujet, dans lequel elle ne jouait aucun rôle.

Mme Dorriman s'intéressa à la silhouette impuissante et à la pâleur qui témoignait de beaucoup de souffrance ; elle aurait voulu s'attarder, mais Grace la pressa de continuer.

"Je suis si déçue", s'écria la jeune dame, "Sir Albert est grave et pas du tout beau, si pâle et cadavérique."

"Ce n'est pas merveilleux d'avoir eu un si terrible accident, ma chère. Je pense qu'il a un si beau visage. Je suis sûr que ses yeux sont merveilleux, il y a de la patience inscrite sur son visage."

"Et il est reconnaissant envers Margaret, c'est la seule raison pour laquelle vous vous intéressez à lui", dit Grace d'un ton mesquin. "C'est toujours Margaret."

Mme Dorriman n'en dit pas plus. Lorsque Grace prit ce ton, elle exerça un don qu'elle possédait – un don de la plus grande valeur – le don d'or du silence.

Peu de jours après, Margaret, qui avait été dérangée et anxieuse à cause d'une scène entre M. Sandford et Grace, était partie chercher un peu d'air calme et frais au bord de la mer. Tout autour d'elle régnait le silence du soir, quand tous se reposent. Le soleil était bas et illuminait le ciel occidental d'une douce lueur dorée, se montrant seulement derrière de hauts nuages éphémères qui voilaient seulement en partie sa gloire. Chaque ondulation de la mer captait une touche de lumière frémissante, toutes les grandes collines prenaient des ombres adoucies, toutes les inégalités semblaient réunies en un tout harmonieux, comme une belle âme mélange parfois les incohérences jusqu'à ce qu'elles cessent de vous paraître incongrues. La lumière tomba doucement sur le visage de Margaret, et la petite fronce sur son front, signe de trouble, fut lissée.

Au milieu d'une telle scène, elle sentait que son irritation avait été indigne : comment pouvait-elle se permettre de ressentir autant de choses ? Elle a essayé de mettre en avant les actes de bonté de M. Sandford, mais elle a échoué. Elle avait un sens aigu de la justice, et il était injuste de leur imposer des obligations d'un côté et de rendre ces obligations odieuses de l'autre. Que pouvait-elle faire pour aider Grace ? Comment agir pour qu'elle puisse, d'une manière ou d'une autre, être sauvée d'une vie qu'elle détestait et dont rien de bon ne lui sortait.

Elle avait un autre problème, plus profond, à supporter. M. Sandford n'avait jamais souhaité *qu'elle* se montre particulièrement amicale, ni même polie, envers M. Drayton ; mais cet homme peu sympathique était arrivé ce jour-là, et M. Sandford avait changé d'avis. Il avait insisté pour que Margaret reste pour parler, et avait montré beaucoup de colère lorsqu'elle le faisait avec une réticence évidente ; et c'était pour elle un terrible ennui.

N'y avait-il rien qu'elle et Grace pouvaient faire seules ? n'y avait-il aucun moyen de se faire un petit foyer ? Elle ne possédait aucun talent, et même si Grace était très intelligente et que tout le monde admirait ses performances, ils avaient souvent récemment essayé de vendre quelque chose et avaient échoué.

Si elle devenait gouvernante, elle n'aiderait pas Grace. Ils avaient si peu, que pouvaient-ils faire ? Que pouvait-elle faire ? Elle imaginait que c'était la vie qui blessait Grace, et que des circonstances plus favorables lui remonteraient le moral, ce qui rendait tout cela plus difficile à supporter.

Elle pensait souvent avec un véritable pincement au cœur que Grace avait cru possible son mariage avec M. Drayton. Puis elle s'est reprochée d'accorder trop d'importance à ce qui était dit dans un moment de dépression et de misère.

Elle se perdait dans ces pensées, conçue avec un désir passionné de quelque chose qui pourrait l'aider, priant, comme elle le faisait souvent, pour qu'on lui montre son chemin, et pour qu'elle soit patiente, et, les yeux fixés sur la lumière et ses pensées avec Dieu. , elle poursuivit son chemin et Sir Albert Gerald la rencontra de nouveau.

Allongé dans son fauteuil de bain, il regardait la douce beauté qui l'entourait, pensant qu'un tel coucher de soleil avait plus de poésie et de beauté que l'éclat d'or et de pourpre qui, en règle générale, se présentait lorsque le coucher du soleil n'était pas levé. adouci et voilé par les nuages ; et, nettement définie sur le ciel du soir, il avait vu une silhouette pleine de grâce tranquille, et avant qu'elle ne s'approche, il la reconnut et frémit du souvenir de la prière qu'elle avait soufflée à côté de lui.

Il n'y avait aucune conscience ni timidité dans ses manières. Elle était heureuse de le voir mieux, heureuse de le rencontrer, et elle mit sa main dans la sienne tendue vers elle, avec un sentiment de soulagement et de joie. Cela aurait été terrible si cette structure puissante, cette jeunesse et cette force avaient été écrasées. Ses yeux se posèrent sur elle avec une intense satisfaction, il remarqua le regard franc et ouvert et le joli sourire qui mettait de la couleur sur son visage. Il n'en avait pas rêvé, elle était adorable !

"Je suis si heureuse de vous voir sortir. Vous vous rétablirez bientôt", dit-elle, et il trouva sa voix aussi belle que son visage.

"Vous devez me laisser vous remercier", dit-il sincèrement. "Tu étais si bon et si courageux. La plupart des filles auraient eu trop peur pour aider. Certaines se seraient évanouies."

"Je ne pense pas," dit-elle gravement, rougissant un peu sous son regard sérieux. "J'étais trop anxieux pour être utile pour avoir peur. Je pense que d'autres auraient également été anxieux – d'autres auraient pu faire plus."

"Oh non!" il a dit; "Je suis heureux de devoir vous être reconnaissant. J'y ai tellement réfléchi. J'ai tellement souhaité vous connaître."

"Vous avez vu Mme Dorriman, vous avez vu Grace, ma sœur, je veux dire", se corrigeant.

"Oui ; son nom était dans le livre que tu avais. Je pensais qu'il t'appartenait."

« Mon nom est très courant : Margaret.

"Je sais. Je pense que c'est un beau nom ; c'est le nom de ma mère."

"Ta mère a été, elle a dû être très malheureuse."

"Oui, mais nous ne lui avons dit que lorsque j'allais mieux... pauvre mère ! elle ne peut pas quitter son canapé. On l'emporte partout.

"Quelle tristesse!"

"Oui, c'est terrible pour elle, et elle est pour moi père et mère, frère et sœur, depuis que je suis enfant unique."

"Ça doit être si triste de ne pas avoir de sœur", dit doucement Margaret. "Cela doit être comme ne pas avoir la totalité de soi-même."

"Et pourtant, parfois, les sœurs ne s'entendent pas", dit Sir Albert en souriant et en pensant à des épisodes de son histoire familiale qui indiquaient un état de choses très différent.

Parlant toujours, ils tournèrent au bout du chemin, la route au-delà étant trop rude pour Sir Albert dans son état actuel ; le fidèle John repoussa la chaise, accommodant son allure aux pas de la jeune fille qui marchait à côté d'elle. Quelle est l'influence subtile qui vous donne l'impression que tout peut être confié à une personne et à une autre comme si une barrière visible s'élève entre vous ? Ce n'est pas seulement de la sympathie, car la sympathie survient lorsque l'on découvre la pleine appréciation d'un objet commun, lorsque le même penchant de l'esprit se retrouve chez chacun ; mais il faut d'abord connaître l'appréciation. C'est quelque chose de plus : cela est indépendant de l'amour entre un homme et une femme (bien que l'amour d'un côté ou de l'autre le suive fréquemment) ; c'est une force inconnue qui nous contraint à la franchise, nous remplit d'un goût soudain sur lequel nous ne pouvons raisonner et dont nous ne pouvons pas nous rendre compte.

M. Sandford, occupé à essayer de modeler M. Drayton selon ses souhaits, prêt à réaliser ses plans au prix de tous les sacrifices, ne se doutait pas qu'un obstacle soudain se dressait dans un quartier dont il n'avait jamais rêvé, - comme la plupart d'entre nous, conscients de seulement nos espoirs et nos souhaits, sans jamais prendre en compte un seul instant les nombreuses combinaisons contre nous.

Cette première rencontre entre deux hommes rapprochés au départ par une heure de douleur et d'anxiété, n'était naturellement pas la dernière. Margaret, parfois avec les autres, parfois avec Grace, parfois seule, rencontrait Sir Albert Gerald chaque jour. Le connaître lui faisait du bien ; ses vues plus larges s'opposaient souvent à son expérience plus étroite, et dans les arguments, ses préjugés et ses opinions préconçues cédaient. Elle était honnête envers elle-même comme envers les autres, et elle a été forcée de reconnaître la superficialité de son terrain.

De son côté, il y avait un plaisir sans fin dans la fraîcheur absolue de son esprit. Les idées anciennes recevaient une nouvelle beauté grâce à sa façon de les voir, et il était souvent surpris par la poésie d'une pensée nouvelle pour lui.

L'inconvénient de cette agréable connaissance était le sentiment de sa finalité. Ils ne savaient pas, jour après jour, que M. Sandford ne pourrait pas y mettre un terme en ramenant tout le groupe chez lui.

Sir Albert, encore un peu affaibli par son grave accident, ne se demandait jamais où cette délicieuse compagnie le menait. Il savait seulement qu'en *sa* présence il semblait vivre. Elle a fait ressortir ses sentiments les plus nobles, les plus élevés et les meilleurs. Elle était pour lui une étoile directrice ; il l'aimait passionnément et il la respectait comme la plus pure et la plus parfaite des créatures de Dieu. Il n'y eut, en ces quelques jours, aucune de ces courtes séparations qui servent à enseigner la véritable nature d'un sentiment similaire dans la plupart des cas. Il y avait ce sentiment d'une séparation imminente, possible mais lointaine, si différente d'un fait annoncé ; il n'y avait rien pour les faire prendre conscience.

Ils se taisaient maintenant lorsqu'ils étaient ensemble, conscients de cette pleine unisson de pensées qui n'exige aucune expression extérieure : un regard, un regard tout simplement.

L'épreuve qui lui était imposée était terrible à l'instant, puisqu'elle ne pouvait rien dire, et M. Sandford a donné à l'homme qu'elle avait commencé à haïr (M. Drayton) toutes les occasions d'être avec elle ; insistant pour qu'elle reçoive ses attentions, plus terribles pour elle que jamais.

Elle fit appel à son oncle en privé contre cette persécution – en vain. Il savait maintenant, même si M. Drayton ne l'avait jamais exprimé en mots, que le prix de sa propre sécurité était... Margaret.

Dans ses moments de solitude, il grinçait des dents de rage : ce n'était pas à cause d'elle, la pauvre enfant ! mais parce qu'il s'était involontairement mis dans cette position. Il promit à M. Drayton qu'il userait de son influence, mais il l'avertit que s'il parlait maintenant, alors que Margaret était pleine de répulsion pour lui, tout espoir serait perdu. "Elle a un esprit si élevé que si elle y était poussée, elle s'en irait."

M. Drayton a ri. « Imaginez-vous que vous soyez incapable de faire face à une jeune femme. »

M. Sandford quitta sa chaise ; il y eut de nombreux moments au cours de leurs rapports où tout le tissu qu'il avait soulevé semblait susceptible de tomber ; il y avait de nombreux jours où il pouvait à peine jouer son rôle – où il était confronté à des remords, voyant de quoi était fait l'homme à qui il souhaitait confier Margaret.

Grace avait-elle su alors ce qu'elle n'avait appris qu'après !

Elle a rendu M. Sandford complètement distrait, elle était si capricieuse, si impertinente et si ouvertement, indépendamment de ses souhaits exprimés.

Puis il est devenu violent et Margaret était malheureuse.

C'était après une forte pluie ; les nuages maussades n'avaient pas encore commencé à se dissiper, et les vagues réfléchissantes avaient un aspect gris, terne et plombé. Tout s'était combiné pour rendre la pauvre Margaret malheureuse. M. Sandford avait pris d'assaut, et il y avait eu une scène devant M. Drayton. Grace avait eu tort, et c'était un chagrin supplémentaire. Ensuite, M. Drayton avait profité de la dispute familiale pour se faire passer pour le défenseur de Margaret, et Grace avait ensuite parlé avec amertume. Pourquoi

Margaret ne pouvait-elle pas accepter cet homme (qui n'avait pas le caractère de M. Sandford) et leur faire un foyer tous les deux ?

Distraite, misérable, le cœur serré par le fardeau que d'autres lui imposaient, la pauvre Margaret courait sur la route où elle se trouvait lorsque Sir Albert était tombé. Elle ne pouvait pas le rencontrer à ce moment-là – elle ne pouvait pas supporter qu'il voie sa misère. Elle sentait instinctivement que cela pourrait l'attirer, et il était son ami, elle ne pouvait pas mettre à l'épreuve son amitié. Puis soudain, elle le vit marcher pour la première fois.

"De grandes idées se rencontrent", cria-t-il en la voyant arriver. "Je voulais voir l'endroit qui nous faisait connaître." Puis, à mesure qu'elle s'approchait, il aperçut les traces de larmes, le regard troublé et la petite bouche tremblante. Il s'arrêta net ; la vue de sa détresse lui montrait ce qu'elle était pour lui. "Chéri!" dit-il doucement ; puis, avec un grand effort, il repoussa les mots qui lui venaient aux lèvres.

Elle l'entendit cependant et une expression de bonheur parfait apparut sur son visage.

Il la vit se tourner vers lui, surpris de son silence. Il ne savait pas qu'elle avait entendu ce mot.

Il rompit le silence au bout d'un moment ou deux, se forçant à parler calmement, alors que son cœur battait violemment. "Es-tu surpris de me voir marcher à nouveau ?" dit-il avec une légère tentative de sourire. "Je peux marcher sans douleur et je ne suis pas fatigué." Elle ne répondit pas, elle était trop bouleversée par l'émotion soudaine de sa trahison sur ce seul mot, et par le calme forcé qui suivit. Qu'est-ce que cela signifiait ? S'était-elle trompée ? Un parfait frémissement de peur, le sentiment soudain d'avoir répondu trop facilement par un regard à quelque chose qu'il n'avait pas dit – ou qu'il avait dit par accident – la remplirent de consternation.

Il lut sa pensée et ne put l'aider. Il se mordit la lèvre avec colère. Il avait donné à sa mère sa parole d'honneur solennelle de ne jamais dire son amour à personne avant de lui avoir fait part de son intention ; et il lui sembla, dans la grande angoisse de ce moment, que c'était seulement maintenant, seulement à ce moment-là, que la vérité lui parvenait. Ils se tenaient côte à côte face à la mer, elle était abasourdie par la misère d'avoir mal compris ; il réfléchissait à la façon dont il pourrait lui montrer qu'il y avait une raison à son silence, sans rompre sa parole d'honneur. "Margaret," dit-il, et sa voix s'attarda avec amour sur son nom, "Nous sommes... amis, et nous pouvons nous faire confiance. Je ne peux pas tout dire, je ne suis pas libre. Me ferez-vous confiance ?"

Son cœur semblait mourir en elle. Bien sûr, elle ne le comprenait pas, pauvre enfant. Ces mots, *je ne suis pas libre,* auraient dû se terminer par « pour parler tout à l'heure » ; mais dans les moments de grande agitation, les choses ne sont pas toujours claires.

Elle pensait qu'il lui disait, pour elle peut-être, qu'il n'était pas libre, qu'ils ne pouvaient être que amis.

Elle se tourna vers lui, pâle jusqu'aux lèvres. "Je comprends," dit-elle faiblement, "nous pouvons être amis."

Elle avait lutté pour se maîtriser ; elle avait peur d'en dire davantage, mais il devait lui faire savoir qu'il avait encore quelque chose à lui dire : il se tournait vers elle pour parler quand elle s'éloigna brusquement de lui avec un geste d'adieu, et il était trop faible pour la suivre. rapidement.

Tout au long du chemin du retour, son cœur battait de douleur. Elle ne comprenait pas qu'en le quittant ainsi, elle trahissait à quel point ses affections étaient engagées.

Il s'occupa d'elle d'abord avec consternation, puis l'heureuse conviction de son amour remplit son esprit, et tout le reste fut oublié.

Il se dépêcha de rentrer chez lui et écrivit longuement et entièrement à sa mère. Il lui dit que sa promesse avait été tenue et combien cela lui avait coûté de la tenir ; il essaya de décrire Margaret et trouva ses mots froids et formels, et il supplia sa mère de télégraphier et d'écrire sans délai. Après cela, il resta épuisé et se perdit dans les rêveries les plus heureuses.

Bientôt, bientôt, la réponse serait là, et il pourrait aller vers elle et lui dire quelque chose de son amour pour elle ; quelque chose, mais pas tout. Il lui faudrait toute une vie, pensait-il, pour lui prouver son dévouement. Pendant qu'il réfléchissait joyeusement à tout cela, il n'entendait pas les sanglots profonds et étouffés du pauvre enfant à l'étage, luttant contre l'angoisse et la misère. Il ne songeait pas un seul instant qu'on l'avait mal compris, et qu'en voulant dire quelque chose, en voulant expliquer sans déroger à sa promesse, il lui avait donné une impression si fausse.

Cette séparation dans la lumière grise d'un jour de pluie fut leur véritable séparation – pour longtemps – et puis tout fut changé.

Lorsque Margaret descendit et rencontra sa sœur et M. Sandford, elle vit qu'une décision soudaine avait été prise et qu'ils devaient partir, retourner dans cet endroit enfumé qu'ils n'aimaient pas.

Mais le grand coup qui était tombé sur son cœur avait fait sombrer tout le reste dans la petitesse. Elle était abasourdie, et aucun changement dans leur vie, aucun accident extérieur ne semblait pouvoir l'affecter.

Le lendemain, Sir Albert souffrait de l'effort et de l'agitation du précédent, et était fiévreux et malade. Le médecin fut appelé par son fidèle serviteur, et le déclara trop malade pour se lever ou voir personne. Toutes les prières de son patient ne l'émouvaient pas, et alors, se résignant à l'inévitable, le jeune homme se consolait. S'il avait pu voir Margaret, qu'avait-il à lui dire ? Qu'osait-il dire jusqu'à ce que le télégramme attendu vienne lui libérer la parole ?

Comme les heures semblaient longues ! Il continuait à surveiller l'horloge et à calculer dans combien de temps il serait possible d'entendre. Sa mère était au Pays de Galles et la station de télégramme était à cinq miles de là. Il a tout vu dans son esprit. J'ai vu les mouvements lents du maître de poste et du poney gallois négligé, ainsi que de son cavalier avec le sac aux lettres. Souvent, le garçon, heureux de l'hospitalité du Château par temps pluvieux, se faisait dire d'attendre et de reprendre le télégramme. Les heures passèrent et aucune réponse n'arriva. La nuit est venue et John était désespéré de savoir quoi faire – son maître était visiblement pire, et pourtant il avait été ennuyé par la précipitation du médecin ce matin-là, et avait parlé très brusquement. Qu'est-ce qui lui faisait qu'il était si différent de lui-même, si irritable, si anxieux ?

Pendant tout ce temps, un homme de grande taille et grave se précipitait vers Lornbay, un homme apportant de tristes nouvelles au pauvre Sir Albert Gerald.

Pendant que son télégramme avançait à toute vitesse, tous les espoirs, toutes les craintes et tous les intérêts de la vie avaient cessé pour Lady Gerald. Elle gisait morte ; ayant été effrayée par la nouvelle du terrible accident de son fils, sa légère emprise sur la vie n'était pas assez forte pour supporter un choc aussi grand ; et cet après-midi même, alors que la promesse qu'il lui avait faite l'empêchait de parler à Margaret comme il avait envie de parler, elle était morte avec des messages d'amour sur les lèvres. C'était le matin ; Jean, avec un visage grave et cet air prêt à affronter le mal, vint vers son maître et lui annonça de mauvaises nouvelles.

Heureusement, dès l'instant où ces mots sont prononcés, nous croyons au pire et sommes ainsi prêts à le supporter. Puis son oncle, *son* frère M. Wynston, s'est approché de lui et lui a tout raconté.

La nouvelle était inattendue et terrible pour lui ; il l'aimait tendrement et toute sa vie lui avait appris à s'attendre à ce qu'elle soit délicate. Il était tellement habitué à ce qu'elle soit invalide qu'il ne la considérait jamais comme plus fragile que les autres. Et tandis qu'il la pleurait, sans se soucier du temps, son pauvre petit amour était parti – avec cette douleur lasse d'un amour gâché qui rendait misérable son cœur encore enfantin – pour toujours ?

CHAPITRE II.

Renton Place paraissait noire et sombre après l'air pur et la grande beauté de Lornbay. Mme Dorriman, toujours sensible aux influences des choses naturelles extérieures, frissonnait et était déprimée, et le montrait par l'effort marqué de gaieté qu'elle croyait dû à son frère.

M. Sandford était d'une humeur difficile à comprendre. Il n'a parcouru qu'un court chemin avec eux, évitant Margaret d'une manière que les deux filles ont remarquée et interprétée différemment.

Il monta dans une voiture fumante, principalement parce qu'ils ne pouvaient pas le suivre là-bas et qu'il pouvait être libre de leur observation. Il se sentait complètement mal à l'aise. Il avait fait valoir son point de vue auprès de M. Drayton, *sous certaines conditions* , et le visage de Margaret, avec son expression mélancolique, le blessait. Oui; bien qu'il se l'exprimât différemment, il l'avait virtuellement sacrifiée pour sauver sa propre position ; et sa parole avait été donnée, et plus encore, il l'avait mise par écrit à contrecœur.

M. Drayton, tout en dissimulant ses projets les plus profonds avec un rire jovial qui mettait tout le monde au dépourvu, lui avait dit qu'il devait avoir quelque chose par écrit - non, bien sûr, pour le montrer à qui que ce soit, "mais pour me satisfaire, " il a dit.

M. Sandford s'est battu contre ce point, en vain.

"Je ne crois pas que vous soyez sérieux", avait déclaré M. Drayton. "Je ne ferai rien pour rien. Si vous avez l'intention de m'aider comme vous l'avez promis, pourquoi en faire autant d'histoires ?"

"Je peux seulement dire que je ferai tout ce que je peux."

"Alors mets ça par écrit."

Et M. Drayton, avec un autre rire, écrivit qu'il (M. Sandford) ne négligerait rien, mais qu'il parviendrait à inciter Margaret à épouser M. Drayton.

Lorsque M. Sandford l'eut signé, une forte appréhension lui traversa l'esprit. Les yeux de M. Drayton avaient ce regard que Margaret avait remarqué ; et il éprouvait ce remords, ce recul devant les conséquences de son acte, que tous les hommes, pas tout à fait mauvais, éprouvent lorsqu'ils agissent indignement.

Alors qu'il était assis seul dans la voiture fumante, il était conscient de ce chagrin à propos de Margaret, et il était heureux de voir un parfait inconnu, évidemment pas un Anglais, monter dans la voiture.

Soucieux d'éviter ses propres pensées, il rompit le silence, profitant d'un détour de leur chemin qui ouvrait de part et d'autre un spectacle enchanteur.

En agitant la main vers la fenêtre, il dit, avec cet air de propriété que l'on remarque chez certains Écossais :

"Une belle vue, monsieur, une très belle vue."

« Pour l'amour de Dieu, monsieur ! s'écria son compagnon de voyage avec un très fort accent américain, ne me parlez pas de la vue. J'ai une femme et deux filles dans un autre compartiment, et j'ai dû m'éloigner d'elles, j'en ai tellement marre de la vue. comme ils parlent de la vue. Pourquoi ne nivelez-vous pas tout et ne faites-vous pas pousser du grain ? »

M. Sandford a été tellement surpris par les sentiments de l'homme qu'il n'a fait aucun autre effort en sa direction.

Il sentait également la dépression qui planait dans l'air à Renton ; mais il s'était placé dans une position d'où il ne pouvait s'échapper. Il avait encore quelques jours devant lui ; puis, avant que M. Drayton apparaisse, il devait dire quelque chose, et il devait le dire sérieusement, à Margaret.

C'était étrange, pensa-t-il, qu'il détestait la contrarier ou la blesser de quelque manière que ce soit. Si elle avait été comme Grace, qu'importe ? Mais ses doux yeux suppliants, ce regard de calme maîtrise de soi qui *lui* ressemblait tellement … Il détestait par anticipation l'expression d'horreur qu'il avait vue autrefois sur son visage lorsque M. Drayton était en question. Il redoutait le prochain passage entre eux, comme il semblait n'avoir jamais rien redouté auparavant.

Trois jours passèrent et le lendemain même, M. Drayton devait comparaître et s'attendait à constater que tout s'était bien passé, et M. Sandford n'avait pas trouvé un mot le courage de dire. Margaret était inhabituellement silencieuse, même pour elle ; Grace était d'humeur amère et mécontente et la mettait à rude épreuve. Elle ne pouvait pas connaître la douleur lasse et douloureuse qui n'avait jamais quitté sa sœur depuis cet entretien fatal sur les collines. Margaret, qui avait généralement beaucoup d'entrain et qui pouvait parer toutes les remarques qui ne lui plaisaient pas, était maintenant ennuyée et déprimée. Elle avait réalisé son rêve et la vie était désormais un vide pour elle. Et pourtant, elle ne pouvait pas le comprendre – elle n'avait sûrement pas tout à fait tort. Et l'expression de ces yeux sombres disait peut-être la vérité : il l'aimait et pourtant il était lié. Tout était terrible et noir comme la nuit, devant elle et tout autour d'elle.

Grace descendit le matin où M. Sandford avait décidé d'annoncer son invité attendu à Margaret, dans un état insouciant, sauvage et étrange. Elle a distrait Mme Dorriman, a ridiculisé Jean et a fini par provoquer M. Sandford à tel point qu'il s'en est suivi un de ses plus terribles accès de colère.

Il l'a littéralement déliré, il lui a ordonné de quitter la maison et, dans l'ensemble, lorsque Margaret s'est précipitée en bas, il était tout à fait hors de lui ; Il n'y avait aucune insulte à laquelle il pouvait penser, il ne la lançait pas à Grace, qui, pour une fois dans sa vie, était assez terrifiée.

Ce fut Margaret qui l'emmena à l'étage, Margaret qui, blanche jusqu'aux lèvres, ce terrible sentiment d'imminence du mal qui l'envahissait, commença à rassembler leurs affaires. Grace la regarda d'un air vide, elle eut l'impression que c'était de sa faute, et elle se mit à murmurer et à insulter M. Sandford. "Nous ne pouvons pas rester", dit-elle, et Margaret, tremblante, lui répondit : "Non, nous ne pouvons pas rester."

En silence, ils continuèrent leurs préparatifs ; s'étonnant un peu que Mme Dorriman ne s'approche pas d'eux, ne sachant pas que M. Sandford l'en empêchait. Il n'a jamais pensé un seul instant que Margaret serait assez stupide pour y aller aussi, et lorsque Mme Darriman lui a suggéré cela, il est devenu si violent qu'elle a été obligée de reculer.

Les filles étaient prêtes et elles descendirent. M. Sandford, souffrant, comme toujours, après ses accès de passion, était allongé sur sa chaise dans sa propre chambre, tous les nerfs de sa tête palpitaient et sa tête avait l'impression qu'elle allait éclater. Il entendit la porte s'ouvrir et Margaret, oui Margaret, entra. Elle était très blanche et tremblait. Il l'entendit lui souhaiter au revoir et n'avait aucun pouvoir pour l'arrêter. Elle sortit doucement, et les deux silhouettes désespérées quittèrent la maison, aucun d'eux ne sachant où aller, pleins d'une seule idée, s'en aller et être libres.

Ils avaient un peu d'argent, et aucun d'eux ne se souciait des voies et moyens. Aux yeux de la jeunesse et de l'inexpérience, vivre semble si facile ; ils possédaient eux-mêmes environ quarante livres par an ; cela, ils pensaient que c'était tout à fait suffisant ; et ils gagneraient de l'argent ; cela aussi semblait si facile dans la sublime confiance en soi de leur jeunesse. Ils prirent le train sans savoir clairement à quelle gare aller, et, constatant que Glasgow semblait mener partout, ils s'y rendirent d'abord, puis consultant le livre, ils se rendirent dans un petit village au milieu des collines où ils pensaient pouvoir reposez-vous tranquillement et organisez vos projets futurs.

Aucun paysage au monde ne varie plus que le paysage écossais sous l'influence changeante de la météo. Toute sa grandeur sauvage, si splendide baignée de soleil, si magnifique lorsqu'elle est en partie voilée par ces nuages légers et laineux qui donnent un charme subtil à ses grandes collines, et qui renvoient par la force du contraste cette merveilleuse couleur bleue, devient, sous le maussade éclaboussure d'une averse de pluie morne, oppressante et sombre. La pluie tombait abondamment lorsque les deux filles s'arrêtèrent à Torbreck et regardèrent autour d'elles avec consternation.

La petite gare était à l'écart du village, dans la pénombre quelques petites maisons blanches étaient disséminées. Des tas de tourbe s'élevaient tout autour, et le large muir sur lequel Torbreck était construit était défiguré par les coupes de tourbe, maintenant remplies d'eau, qui avaient la teinte noire profonde de l'eau des tourbières.

Il n'y avait aucune voiture d'aucune sorte, la gare étant petite et sans importance, et ayant été construite principalement pour amener les troupeaux de bétail des Highlands à la portée du bourg, et pour la commodité de quelques propriétaires des Highlands qui vivaient à quelques kilomètres de là. à des kilomètres de là, et qui avaient obtenu la concession en cédant leurs terres à la Compagnie des chemins de fer à des conditions avantageuses.

Laissant leurs bagages à faire venir, les deux filles se dirigèrent vers le village, totalement inconscientes d'un visage en colère et étonné qui notait leurs mouvements.

Ce jour-là, M. Drayton était allé à Glasgow *en route* pour Renton Place, et il a vu les filles à la gare, il a entendu leur discussion sur la meilleure marche à suivre et a résolu de découvrir ce que tout cela signifiait. Il les avait suivis dans une autre partie du train.

Naturellement, il imaginait qu'ils partaient à cause de l'insistance de M. Sandford à son égard, et il était très en colère. L'homme a dû se tromper d'une manière ou d'une autre, ne connaissant rien des filles, du véritable caractère de Margaret ; il lui semblait qu'elle faisait partie de ces personnes très douces et tranquilles qu'on pouvait facilement persuader. Pourquoi pas? Ce n'était ni un laid, ni un vieux bonhomme, pensa-t-il. Toute sa vie, il avait été considéré comme beau. Sa couleur vive et ses cheveux bouclés, ses yeux bleus et son rire prompt lui avaient valu de grands applaudissements parmi ses quelques affaires féminines. Il avait été flatté par la plupart d'entre eux, et bien que sa vanité fût parfois choquée et qu'il se sente parfois désavantagé, il se consolait généralement rapidement. Il était trop plein d'auto-appréciation pour être longtemps mécontent d'un léger échec, et nous savons tous que chaque expression la plus courante est susceptible de nombreuses interprétations. Il était trop sage pour descendre à Torbreck, mais il s'arrêta à la station suivante.

Le but de son voyage à Renton était maintenant terminé, et il s'assit pour réfléchir tranquillement à la situation des affaires. Après avoir réfléchi à tout cela, il se décida à deux choses : il devait savoir pourquoi les filles avaient quitté Renton, et il ne dirait pas à M. Sandford où elles se trouvaient.

Il retourna à Glasgow, télégraphia à Renton à Mme Dorriman qu'il avait été arrêté, mais qu'il était en route et qu'il suivrait son télégramme dès qu'il le pourrait.

M. Sandford, quant à lui, alternait entre accès de remords et désespoir. Qu'avait-il à dire lorsque cet homme est venu réclamer cette « livre de chair » ?

Les malheurs n'arrivent jamais seuls. Cet après-midi-là, la poste apporta à Renton Place des lettres prouvant au maître qui avait si longtemps gouverné comme avec une barre de fer que sa sagacité était en faute et que celui qui avait été pendant si longtemps un signal de réussite s'était révélé imprudent et que ses spéculations avaient échoué. Cela ne signifiait pas la ruine ni même de très lourdes pertes, mais cela signifiait dans une certaine mesure une perte de prestige, et cela arrivait à un moment inopportun. Il existe un certain état de santé corporelle où une piqûre d'épingle peut avoir des conséquences désastreuses ; il y a aussi une attitude d'esprit correspondante lorsque les revers s'accompagnent d'une dépression écrasante, bien au-delà de leur poids réel ; et puis, avec cet air de réussite heureuse caractéristique de M. Drayton, il arriva, et M. Sandford sentit qu'il le détestait.

N'est-il pas dur qu'un homme souffre parfois parce que la nature, toujours impartiale dans la distribution de ses dons, a pointé son nez vers le haut au lieu de le baisser ? Il peut être plein de pensées sublimes, de capacités intellectuelles et avoir un penchant marqué pour la poésie, mais nous ne lui prêtons que des aspirations communes, à cause de la fluctuation de son organe nasal par rapport à la perpendiculaire directe.

M. Drayton pouvait souffrir profondément, mais il ne pouvait jamais paraître malheureux ; on associe le malheur à la pâleur, aux muscles déprimés autour de la bouche et aux paupières tombantes, et il avait un visage rose et un peu rayonnant, des yeux très ronds, grands ouverts, enclins au regard, et une grande bouche portant une expression perpétuelle de satisfaction. Lorsque les deux hommes se sont affrontés, M. Sandford, dont le front était froissé par l'inquiétude et qui avait l'air de ne pas avoir dormi, ne pouvait pas prononcer la bienvenue conventionnelle, il ne pouvait pas parler. Mme Dorriman, voyant quelque chose d'inhabituel, se dirigea vers lui avec peur, et sa petite salutation faible et spasmodique sauva les deux hommes d'un silence très gênant.

"Eh bien," dit agréablement M. Drayton, "et comment vont les jeunes dames ? comment va Miss Margaret ?"

Une rougeur profonde monta sur le visage de M. Sandford, il se tourna précipitamment vers sa sœur.

« Laissez-nous », dit-il brièvement, et elle, tremblante, obéit.

« Drayton, » dit-il d'un ton qui trahissait l'effort et l'agitation, « je n'ai pas eu l'occasion de parler. J'avais l'intention de tenir parole à tout prix, mais cela a été impossible.

"Vraiment", dit M. Drayton avec mépris. "Eh bien, laissez-moi voir Miss Margaret et plaider ma cause auprès d'elle ; laissez-moi lui dire... ce que je dois lui dire pour qu'elle puisse comprendre."

"Vous ne pouvez pas la voir ; elle n'est pas là."

"Pas ici ! Que veux-tu dire ? Quel mauvais tour m'as-tu joué ?"

"Je ne vous ai joué aucun tour et vous n'avez pas besoin de fanfaronner et de prendre ce ton !" » répondit M. Sandford avec colère, son humeur s'élevant.

" J'ai votre promesse, en paroles, maintes et maintes fois, par écrit aussi ; j'insiste pour savoir comment tout cela s'est produit. Vous avez dû faire votre spiritualité avec beaucoup de négligence, peut-être avez-vous dit quelque chose de défavorable à mon égard. Je vous déclare que je ne peux pas Te faire confiance."

"Je n'ai jamais mentionné ton nom. Grace m'a rendu presque fou et je lui ai dit quelque chose sur le fait de quitter la maison, puis Margaret est partie avec elle."

"Est-ce la vérité ?"

"C'est la vérité."

"Et le fait qu'elle ait quitté cette maison n'a rien à voir avec moi ?"

"Rien du tout."

M. Drayton estimait que jusqu'à présent tout allait bien, mais il ne trahirait aucune satisfaction à l'homme qui se trouvait devant lui.

"Les investissements pour lesquels j'ai suivi vos conseils m'ont apporté une perte", dit-il après une pause, observant attentivement le visage de M. Sandford.

"Une perte?"

"Pas en argent, mais mon manager a cédé sa place et son départ est une perte sérieuse. Vous êtes vraiment la cause de son départ. Il ne croit pas en vous autant que les autres. Je suis désolé, mais n'y a-t-il pas un proverbe selon lequel les bons poissons sont encore dans la mer ? C'était un homme bon mais un peu trop prudent, oui, beaucoup trop prudent ! Eh bien, comme Miss Margaret n'est pas là, j'y retournerai.

M. Sandford entendit cela et fut inquiet. Il savait très bien que M. Drayton n'avait aucune capacité commerciale, et il lui vint très clairement à l'esprit que maintenant que l'influence humaine lui était retirée, d'autres personnes pourraient trouver le chemin de sa poche aussi facilement que lui l'avait fait, lorsque Margaret était à l'arrière-plan. .

"Je suis désolé," dit-il sèchement, soulagé de constater qu'il devait être laissé seul. M. Drayton, maintenant que Margaret était partie, ne voyait plus l'utilité de rester. Il fit très brièvement ses adieux à Mme Dorriman, et elle remarqua qu'il avait fait attendre son taxi et qu'il n'avait jamais fait enlever ses bagages.

"Frère," dit-elle en posant doucement sa main sur son bras, "M. Drayton a vu Margaret quelque part, il sait où elle est. Il savait qu'elle n'était pas là."

M. Sandford la regarda. Elle le surprenait parfois, sa sœur sous-estimée, et son idée le surprenait maintenant. Il pensait (maintenant qu'il avait le temps de mettre ses idées en ordre) que Drayton avait pris l'annonce avec sang-froid. Sur le moment, cela avait été un soulagement, mais maintenant cela confirmait les paroles de sa sœur. Il se doutait qu'elle avait raison, mais ce fut néanmoins pour lui une sorte de surprise. Il est difficile, lorsqu'une personne a habitué toute sa vie à placer une autre personne dans une position d'infériorité et à la considérer comme ennuyeuse, de changer soudainement et de lui attribuer une rapidité d'appréhension. Il poussa une sorte de grognement et retourna à sa tanière. Le fait le plus important à présent était la démission du directeur de M. Drayton. En ce qui le concernait personnellement, il était content. Quoi qu'il arrive maintenant, ces yeux de lynx n'étaient pas en mesure d'examiner l'affaire de manière confidentielle. Cependant, l'autre côté de la question, mentionné ci-dessus, n'en faisait pas une nouvelle tout à fait agréable, et il se mit à réfléchir s'il y avait un moyen par lequel il pourrait mettre une main restrictive sur M. Drayton, ou plutôt sur les tendances spéculatives de M. Drayton. . Pendant ce temps, à Torbreck, les filles n'allaient pas très bien.

Ils étaient arrivés trempés dans la toute petite auberge et avaient demandé une chambre et de quoi emporter leurs bagages.

Mais, bien qu'ils eussent obtenu une chambre, celle-ci était sans feu, et les bagages étaient encore plus difficiles.

Il y avait des chevaux, mais ils étaient tous occupés ; le petit endroit, assez autonome et assez prospère, n'était pas préparé à l'arrivée des étrangers.

Un feu était allumé, mais ne voulait pas brûler, la fumée insistait pour fouiller tous les coins de la pièce, et si elle montait par la cheminée, elle sortait par bouffées d'une manière tout à fait inattendue et distrayante ; les filles assises là sentaient leur moral descendre au plus bas et frissonnaient.

Rien de plus triste que l'endroit : un canapé en crin noir, deux fauteuils un peu étroits et six autres chaises, une table qui remplissait presque la pièce au milieu, sur laquelle reposait une natte de laine poussiéreuse, trois cartes funéraires de parents défunts, encadrées et vitrées sur la cheminée, et un miroir convexe, qui reflétait et déformait avec une stricte impartialité tout ce qui s'y trouvait.

Après avoir attendu longtemps dans leurs affaires mouillées, n'ayant rien à sécher jusqu'à l'arrivée de leurs bagages, ils prirent du thé et espérèrent que sa chaleur les ranimerait, mais le thé était tiède ; un accident qui n'est pas inconnu de l'histoire lorsqu'il n'y a rien pour le maintenir au chaud, et qu'un feu de tourbe, bien que joyeux à regarder et suffisamment chaud, n'offre pas la commodité d'une plaque chauffante.

La chambre à coucher, près du salon, était aussi petite qu'elle aurait pu l'être, et les sœurs pouvaient à peine s'y retourner. Grace était assise, regardant droit devant elle. Elle se sentait très malade. Toujours un peu fastidieux, le pain du boulanger médiocre (dégustation de sciure de bois) et le thé peu engageant, éteignent toute envie de manger. Elle avait la douloureuse satisfaction de savoir que son propre manque de maîtrise de soi les avait amenés à cela, et pourtant, pauvre enfant, ce n'était rien comparé à ce que l'avenir lui réservait, même si elle ne le savait pas !

Les sœurs ne parlaient pas, elles sentaient toutes deux qu'il valait mieux tout supporter en silence ; ils restèrent assis, froids et très misérables, jusqu'à l'arrivée de leurs bagages, puis, bientôt se glissant dans leur lit, ils essayèrent de dormir et d'oublier leur misère.

Bientôt, Margaret s'endormit. Son tempérament plus calme et moins excitable lui donnait toujours cet avantage, et elle dormait profondément.

Mais Grace ne dormait pas, les ombres de la nuit l'oppressaient ; longtemps après que la respiration régulière de sa sœur eut raconté sa propre histoire, elle resta allongée, se balançant avec lassitude d'un côté à l'autre. La petite pièce semblait l'étouffer ; Au froid intense et aux frissons dont elle avait souffert, succédaient à la chaleur brûlante, sa tête semblait trop lourde pour être soulevée de son oreiller, et il était très tôt lorsque Margaret fut surprise par un cri aigu de détresse et d'angoisse et entendit Grace dire :

"Je suis très malade ; Oh ! Margaret, réveille-toi et fais quelque chose pour moi !"

Le matin était à peine venu, l'aube grise, chargée d'humidité, devenait lentement un jour parfait ; et la pauvre Margaret, avec un manteau jeté sur elle, ses longs cheveux blonds flottant sur ses épaules, ses yeux endormis regardant autour d'elle avec étonnement, descendit pour faire de son mieux.

Une jeune fille aux pieds nus était occupée, même si c'était tôt, et Margaret s'expliqua à elle.

Avec une visible réticence, elle alla appeler sa maîtresse, qui était encline à se fâcher de perdre une heure de repos bien méritée.

Mais la colère disparut lorsqu'elle aperçut Margaret, et elle monta avec elle ; où la pauvre Grace, au visage cramoisi et haletante, se tournait d'un côté à l'autre et appelait sa sœur.

"Comment peux-tu me quitter quand tu vois à quel point je suis malade ? Je vais mourir ! Je sais que je vais mourir."

Elle avait peur et pleurait de façon hystérique.

À son immense surprise, Mme Munro la réprimanda vivement. La surprise fut si grande qu'elle la calma, et quand cette bonne femme vit l'effet qu'elle avait produit, elle la quitta pour voir et chercher un remède et faire venir le médecin. Avant la nuit, son état empirait et tous deux savaient désormais que sa maladie n'était pas une mince affaire. Elle souffrait extrêmement et sa maladie était considérée comme une inflammation des poumons.

Mme Munro était heureuse que ce ne soit « pas une chose accrocheuse » et était désolée pour eux. Les femmes de sa classe en Écosse peuvent être rudes et avoir un sens aigu du marché ; mais leur gentillesse est souvent merveilleuse !

Margaret, dont le courage se levait toujours quand il le fallait, ne céda pas et ne fut pas indûment effrayée. Mais elle redoutait les dépenses nécessaires qui ne pouvaient pas encore être couvertes. Grace, toujours irréfléchie et souvent déraisonnable, voulait et demandait mille choses difficiles à obtenir et, bien sûr, proportionnellement coûteuses. L'argent a fondu rapidement. Il était impossible d'inquiéter Grace, et le fardeau tombait de tout son poids sur la pauvre Margaret.

Elle prit conseil auprès de la logeuse et constata qu'elle avait agi de manière imprudente en agissant ainsi. Mme Munro avait imaginé, d'après leur apparence et tout le reste, qu'ils avaient beaucoup d'argent. Margaret, dans sa grande inexpérience, parlait de ne pas en avoir, c'est-à-dire de ne pas avoir d'argent pour de lourdes dépenses supplémentaires. Mme Munro, avec une sensible perte de respect dans ses manières, demanda sèchement :

"Et comment vais-je être payé, et faire tout ce que je peux ?"

"Je ne veux pas dire cela", dit la pauvre Margaret; "mais nous ne sommes pas assez riches, ma sœur et moi, pour pouvoir acheter des choses chères."

"Les gens devraient dire ce qu'ils pensent", a déclaré Mme Munro, légèrement consolé, mais pas tout à fait tranquille dans son esprit.

Elle prit conseil avec le médecin ; et lui, qui connaissait leurs liens avec M. Sandford et pensait effectivement que ces relations étaient plus étroites qu'elles ne l'étaient en réalité, la rassura à ce sujet.

"Mais comment se fait-il alors que ces deux jeunes dames sillonnent le pays toutes seules, avec une servante ou une âme avec elles, et qu'elles viennent de gens riches ?" » a demandé Mme Munro.

« Les jeunes dames ont souvent des idées indépendantes », a déclaré M. Burns ; "mais quand j'étais chez un ami, non loin de Renton, on y parlait de l'arrivée de ces demoiselles, en effet, je les ai moi-même vues là-bas un jour en me promenant dans la ville."

"Eh bien ! eh bien ! et donc je n'ai pas besoin de m'inquiéter", dit Mme Munro, très soulagée ; " mais avec des eaux gazeuses et des fruits, il y aura quelque chose de gros à payer ; et mon cher, Miss Margaret est une gentille jeune femme, elle devrait avoir quelqu'un pour l'aider, elle est déjà presque épuisée, et il semble qu'il soit encore temps. avant qu'elle puisse voir sa sœur hors du lit.

— Sa sœur est très gravement malade, dit le docteur d'un air plus grave ; "J'ai bien peur qu'elle soit constitutionnellement délicate. Je me demande de quoi sa mère est morte."

"Oh ! Je pense que cela aura été une mort naturelle, car Miss Margaret a dit qu'elle était morte en Inde, et c'est un pays qui tue beaucoup de gens", dit-elle confortablement ; "Ceux qui vivent reviennent jaunes à la maison, et quand ils ne jaunissent pas, ils meurent."

"Allez, venez", dit le Dr Burns, "j'en connais beaucoup qui ne jaunissent pas et ne meurent pas, ce n'est qu'un préjugé."

"Il n'y a aucun préjugé, docteur. J'ai eu un oncle autrefois, et il était comme l'un de ces choses qu'ils séchaient qu'ils appellent momies et qu'ils exposent dans les musées ; et les gens disaient que si vous pouviez voir son intérieur, il serait tout ratatiné comme une vieille noix. , et je suis sûr que cela n'a jamais été dans notre famille. C'était toute l'Inde ; il était un soldat, un homme pauvre, et avait vécu un marché. "

Le Dr Burns n'eut pas le temps de poursuivre la discussion : il était professionnellement inquiet au sujet de Grace, elle était toujours aussi fiévreuse et, bien que la douleur aiguë ait diminué, sa toux était des plus pénibles et sa faiblesse très grande.

"Tu n'as personne pour venir t'aider ?" » demanda-t-il à Margaret un jour qu'il l'avait trouvée épuisée, souffrant de maux de tête aigus et dans un état très dépressif.

"Personne", répondit-elle à voix basse. "J'ai proposé quelqu'un à ma sœur, mais elle dit que si elle venait, son état serait bien pire."

"C'est vraiment irréfléchi et, je peux dire, égoïste de sa part", a-t-il déclaré avec sérieux. « Si ma femme était à la maison, je l'enverrais vous aider ; laissez-moi essayer de vous trouver une infirmière ?

"Oh non!" » dit Margaret avec sérieux et beaucoup d'enthousiasme. "Je ne peux pas... nous ne pouvons pas supporter cette dépense. Je fais de mon mieux, ma sœur ne souffre pas de mon manque d'expérience", et elle leva les yeux avec beaucoup de crainte.

"Je ne pense pas tant à elle qu'à toi", dit-il sans détour. Puis il reprit d'un ton neutre : " Votre sœur va mieux ; la douleur s'est atténuée, mais la fièvre est toujours forte. Je ne pense pas qu'elle soit aussi forte que vous. De quoi est morte votre mère ? " " Le savez-vous ? Elle est morte quand vous étiez bébé en Inde, me dit Mme Munro, probablement à cause d'une fièvre, n'est-ce pas ? "

"Elle est morte de phtisie", a déclaré Margaret, qui n'a pas vu un instant le lien entre les idées. Puis cela lui traversa l'esprit, et elle dit, joignant les mains et dans une parfaite agonie de sentiment : « Vous ne pouvez pas – vous ne pouvez pas – penser que Grace soit si mauvaise. Oh ! dites-moi, dites-moi ; et, affaiblie par ses longues veillées et ses repas pris à la hâte, elle perdit le contrôle d'elle-même et pleura pitoyablement.

"Je suis désolé de vous avoir effrayé", dit le Dr Burns, qui comprit ses larmes et qui, tout en étant plein de sympathie, parla de ce ton calme qui calma mieux son excitation qu'une démonstration de gentillesse n'aurait pu le faire.

" Il n'y a aucun danger actuellement, absolument aucun ; mais il y a une grande faiblesse et une très grande délicatesse. "

« Que devons-nous faire ? Que doit-elle faire ? » demanda Margaret, luttant pour reprendre sa maîtrise d'elle-même, honteuse de l'avoir si complètement perdue.

"Quand elle en sera capable, elle devrait aller dans un climat plus sec", dit-il en regardant la fenêtre, où, de temps en temps, les gouttes de pluie tombaient avec un clapotis vicieux, "et, pardonnez-moi, Miss Rivers, mais vous ne pouvez pas bénéficier de beaucoup de confort ici. Pourquoi n'écrivez-vous pas à M. Sandford.

« Ce que nous ne pouvons pas faire, encore moins pour Grace ! dit la pauvre Margaret sans réserve.

" Bien sûr, je n'ai pas le droit d'intervenir, mais je ne peux m'empêcher de m'intéresser à l'affaire, et votre sœur devrait être transférée bientôt ; cette chambre est trop petite pour un invalide ; l'environnement est trop déprimant. Pour être pleinement utile pour elle, vous devriez être joyeux et en bonne santé ; et, bénissez-moi ! ce n'est pas l'endroit pour vous deux, je m'en sortirais dès que je le pourrais, si vous me pardonnez de le dire.

Il quitta la pièce du rez-de-chaussée, où elle l'accompagnait chaque jour, pour apprendre, sans que Grace l'entende, tout ce qu'il avait à dire. Margaret se tenait comme une statue après son départ, regardant fixement devant elle, ne voyant rien.

Que pouvait-elle faire ? Que allaient-ils devenir ? Elle résolut de lancer un dernier appel à sa sœur pour qu'elle écrive à Mme Darriman. Si elle consentait à cela, si elle lui permettait d'essayer de se lier d'amitié avec M. Sandford, tout irait bien.

Sinon… Margaret reprit ses esprits en sursaut. Une horrible conviction commençait à transpercer toute son anxiété. La fin devrait être son mariage avec M. Drayton.

Il n'y avait rien d'autre. Ces deux cours seuls lui étaient ouverts. Après tout, comme *il* n'était pas libre, ce qu'elle était devenue importait-il tant ? Dans la nature de toutes les bonnes femmes, il y a une veine d'abnégation. Sa vie, pensait-elle, n'aurait pas été vaine si elle avait pu sauver sa sœur. Et elle ne comprenait pas du tout le caractère de M. Drayton.

Elle le trouvait brut, bruyant, mais sans doute bon et généreux. Elle considérait Grace si complètement comme une partie d'elle-même qu'elle ne pensait pas un seul instant que quiconque puisse les considérer séparément. L'absence de tout lien étroit, hormis celui-là, faisait tout pour elle.

Lentement, elle monta à l'étage. Elle parlerait à Grace. Elle ferait appel à elle. Elle savait très bien que si elle agissait sans son consentement, si elle faisait appel à Mme Dorriman, Grace aurait de la fièvre ; les conséquences pourraient lui être fatales. Elle ne pouvait ni écrire ni parler, parce qu'elle savait qu'elle était devenue très chère à la pauvre femme qui avait si peu d'issue pour ses affections, et qu'elle viendrait elle-même les soigner.

Lorsqu'elle entra dans la chambre de sa sœur, elle la trouva endormie ; mais ce n'était pas le sommeil d'une convalescence parfaite. Il y avait encore beaucoup de fièvre, et tandis que la pauvre Marguerite voyait par intervalles ses tremblements et ses gémissements misérables, son cœur se serrait et elle craignait tout !

CHAPITRE III.

Sir Albert Gerald se précipita vers sa maison galloise, trouvant l'ennui de son voyage et les inévitables secousses du wagon presque au-dessus de ses forces.

John protesta en vain. Pour le jeune homme, il y avait quelque chose de tragique dans la mort de sa mère, au-delà du seul être qu'elle aimait et auquel elle s'accrochait.

Ce doute qui habite la plupart des gens lorsqu'un être cher est parti, quant à savoir si nous avons échoué d'une manière ou d'une autre envers eux, le visite maintenant. Même sa nouvelle passion pour Margaret était pour le moment mise de côté, et il devait, il le fallait, être à ses côtés, la revoir ; et il ne permettrait à aucune aisance personnelle ou manque de force de le retenir.

Le résultat aurait pu être deviné par tous. De retour chez lui, il exauça son vœu, il revit ce visage aimé, mais le retour de la douleur interne aiguë l'étira sur son lit, et le médecin local, craignant pour lui dans son état réduit, lui donna des opiacés. et ainsi l'a gardé de la conscience et de la souffrance en même temps.

Après, quelle douleur il aurait volontiers supportée ! s'il avait eu la pleine conscience.

Il lui fallut quelques semaines avant de sortir de la pièce sombre, et sa première action fut de découvrir l'adresse de Margaret.

Mais, même s'il apprit que les sœurs étaient parties de Lornbay, personne ne savait où, et lorsque ses lettres pressantes incitèrent un ami à agir, et qu'il se rendit réellement à Renton, ce fut seulement pour découvrir qu'elles n'étaient plus là, et que même Mme Dorriman n'avait pas leur adresse.

Il lui écrivit et ne cachait pas son désir de retrouver Margaret, mais avec la meilleure volonté du monde (et elle aimait sincèrement Sir Albert), elle ne pouvait rien dire, ne sachant rien.

À ce moment-là, Margaret essayait de se résigner à un sort qu'elle redoutait pour le bien de Grace.

Lorsque, lors de cette soirée mémorable, le médecin avait exprimé ses craintes et que Margaret avait observé le chevet de sa sœur, qu'elle avait remarqué les joues creuses et écouté sa toux distrayante, elle se détestait absolument d'avoir reculé devant tout sacrifice et ainsi de la sauver.

Si elle avait eu le moindre espoir à propos de Sir Albert, cela aurait été impossible, mais elle n'avait aucun espoir ; et plus encore, le coup terrible porté à son orgueil, le sentiment qu'elle avait donné son amour sans qu'il ait été vraiment recherché, l'exaspéraient parfois. Il entendrait parler d'elle si elle épousait M. Drayton, et il ne connaîtrait jamais la vérité.

Grace se réveilla dans un paroxysme de douleur et de terreur ; jusqu'à présent, elle avait beaucoup souffert, mais il n'y avait pas eu d'hémorragie, maintenant elle arrivait, et la pauvre Margaret, terrifiée et redoutant elle ne savait quoi, était poussée au désespoir. Debout à côté de sa sœur et regardant son visage angoissé, elle fit le vœu solennel de la sauver à tout prix.

Après une nuit d'angoisse et de souffrances les plus amères vint la paix, et Margaret dormit sur le petit canapé dur, profondément endormie malgré toute l'agitation du « Soleil » jusqu'à l'après-midi.

Il y avait une lumière tamisée dans la pièce, et lorsqu'elle s'est réveillée, c'était avec la conscience que quelqu'un la regardait, ce que la plupart d'entre nous ont connu par expérience. Surprise et confuse, ses beaux yeux encore lourds de sommeil et ses cheveux en désordre, elle se redressa et regarda autour d'elle.

Là, assis comme un destin silencieux, de l'autre côté de la pièce, se trouvait l'homme qu'elle redoutait, M. Drayton, qui l'observait attentivement.

Margaret commença à se lever, une rougeur brûlante lui montant au visage.

"Comment êtes-vous venu ici?" dit-elle. "Pourquoi Mme Munro vous a-t-elle laissé monter ?"

"J'ai été à Renton, Margaret," (elle n'a jamais remarqué qu'il prononçait son nom familièrement). "Penses-tu que je pourrais m'arrêter quand je savais que tu errais seul ?"

"Ma sœur a été très malade, elle est très malade", dit la pauvre Marguerite en tremblant.

"C'est un mauvais endroit pour être malade", a-t-il déclaré. "Pas de confort, encore moins de luxe. Maintenant, que puis-je faire pour vous ? faites de moi un ami. Je ferai ce que je peux, et je le ferai volontiers pour *votre* bien."

Margaret ne pouvait pas parler. Elle avait pensé que tout était possible quelques heures auparavant, et maintenant... Pourquoi ce bruit de la mer remplissait-il ses oreilles, ce son qui faisait un grand chant pour accompagner d'autres mots et d'autres tons ? Elle repoussa ce souvenir. M. Drayton parlait à nouveau.

"J'espère que vous me laisserez être utile", disait-il, se demandant ce qui avait causé cette bouffée de conscience qui lui apparut au visage et s'éteignit à nouveau.

"Vous êtes très bon", dit-elle à voix basse.

Il fit un ou deux pas plus près d'elle, et, dans cette petite pièce, cela le rapprocha. Elle recula involontairement, et il vit le mouvement et cela le rendit sauvage. Mais il se contrôlait ; il commença à comprendre un peu son caractère ; s'il avait l'intention de gagner, il devait être prudent.

"Je vais y aller maintenant", dit-il en prenant sa petite main froide dans la sienne, "mais je n'irai pas loin, et vous *devez* me considérer comme votre ami, n'est-ce pas ?"

De nouveau revinrent les mots faiblement prononcés :

"Tu es très bon."

Il lui lança un regard prolongé et descendit, appelant Mme Munro d'un ton vif et rapide.

"M. Sandford m'a demandé de veiller à ce que la jeune femme malade et sa sœur bénéficient de tout le confort possible. Pouvez-vous penser à quelque chose ?"

"Oh mon Dieu, monsieur !" dit la pauvre Mme Munro, immensément soulagée par cette déclaration, "cette pauvre chose devrait avoir une nourrice, et je l'ai dit maintes et maintes fois, mais Miss Margaret, elle semble avoir peur de dépenser. J'étais tout à fait sûr, monsieur, moi-même, tout irait bien, ces jeunes dames, ces pauvres choses ; et Miss Margaret ne s'achèterait pas un canapé – un canapé pour dormir – et j'ai fait de mon mieux, ayant mon propre travail et la maison entre mes mains. et la responsabilité ; le travail de nuit ne me gêne pas, monsieur ; mais les dizaines de fois où j'ai monté et descendu ces escaliers, ce n'est pas grand-chose à regarder, mais c'est fastidieux à monter et c'est pénible à descendre quand même. cela arrive souvent, monsieur.

" Achetez ce que vous voulez et dites-moi ce que c'est, pour M. Sandford. Tout ce que vous voulez, vous devez l'obtenir immédiatement, et vous n'avez pas besoin de vous inquiéter de Miss Margaret ou de dire que j'y ai participé. Elle n'aimera peut-être pas mon ingérence. . Je suis la connaissance de M. Sandford plus que la sienne et j'agis pour lui. Il sortit de la maison sans attendre sa réponse.

Puis il s'est rendu chez le médecin et l'a interrogé. Il a appris de lui ce qu'on voulait et a bien joué son rôle. Le Dr Burns était ravi que M. Sandford prenne désormais en charge leur cas et a télégraphié pour demander une infirmière et diverses choses qu'il jugeait nécessaires sans perte de temps.

La surprise de Margaret était sans limite ; elle ne doutait pas un seul instant de la véracité du récit de l'hôtesse, et était trop épuisée pour interroger attentivement la nourrice lorsqu'elle venait. Elle savait que M. Sandford était vraiment généreux et elle pensait que, ayant entendu parler de la maladie de

Grace par M. Drayton, il essayait de l'aider, et elle s'attendait à voir apparaître à tout moment le visage agréable de Mme Doriman.

Les fruits les plus précieux, les fleurs les plus rares, tout ce que l'argent pouvait procurer, arrivaient sans délai et Grace commençait à renaître. Margaret profita de la première occasion pour écrire une longue lettre à Mme Darriman ; son cœur déborda, elle la remercia de toute sa prévenance et de sa bonté, lui dit combien de fois elle avait souhaité, avec sa bonté sympathique, l'aider, et envoya un message plein de bonté à M. Sandford. Elle venait de terminer sa lettre, écrite avec difficulté, car Grace la réclamait à chaque instant et les interruptions, ajoutées à la peine qu'elle avait de montrer sa gratitude et d'exprimer son chagrin sans réfléchir aux défauts de sa sœur, lorsque M. Drayton entra.

"Vous avez écrit", dit-il, voyant quelle avait été son occupation.

"Oui, j'ai remercié ma chère Mme Dorriman d'être si attentionnée et si gentille envers ma sœur. Tout le luxe, les meilleurs soins infirmiers, tant de confort, lui sauvent la vie," et les yeux de Margaret étaient plus doux que jamais et humides. avec émotion. "Je ne la remercierai jamais assez."

"Y a-t-il tant de raisons d'être reconnaissant ?" » demanda-t-il d'un ton qu'elle ne comprenait pas très bien, et ne prit pas, pour le moment, le temps de réfléchir.

« Ah ! vous ne pouvez pas savoir ce que c'était avant, » dit-elle avec ferveur ; " de voir ma pauvre sœur mourir et de ne pas savoir comment l'aider, puis de la voir ressusciter ; et vous avez été gentil aussi, " ajouta-t-elle tandis qu'une légère couleur lui montait aux joues, " et je crois que vous lui avez dit Madame Dorriman, nous vous le devons indirectement et je vous en suis reconnaissant.

Il a été mis au dépourvu.

"Margaret," dit-il d'une voix rauque, "cela vous ferait-il de la peine de *tout* me devoir ? Si votre lettre est destinée à remercier Mme Darriman, alors ne l'envoyez pas car je ne lui ai jamais écrit. Ces choses et la fréquentation que vous pensez ainsi beaucoup de bagatelles en elles-mêmes sont vraiment pour vous de ma part. Je mourrais pour vous servir !

Margaret, surprise et alarmée, le regarda avec consternation et même terreur ; elle avait l'impression que les mailles d'un filet se resserraient et qu'elle avait soudain l'impression que tous les efforts pour s'échapper étaient impuissants.

M. Drayton la regardait toujours attentivement. Cet aveu l'aiderait-il ou l'éloignerait-il de lui ?

"Comment puis-je te remercier?" dit-elle enfin avec des lèvres blanches et tremblantes.

" Vous savez comment. Ne parlez pas, car si vous parliez tout à l'heure, vous pourriez détruire tous mes espoirs de bonheur. Je sais, " dit-il amèrement, " que non seulement vous ne m'aimez pas, mais que vous craignez positivement d'être sous aucune obligation envers moi. Mais, Margaret, réfléchissez-y. Je suis prêt à faire tout ce que je peux, et vous n'avez personne d'autre. Je ne m'attendrais pas à ce qu'une jeune et belle fille comme vous le puisse. rends ma passion.

Il s'arrêta net. Margaret restait silencieuse, froide comme une statue.

"Réfléchissez-y", répéta-t-il, et sa voix était pleine de pathétique et de passion. "Et quand tu auras décidé, envoie-moi un mot, *viens* . En attendant, je te laisserai en paix."

Il se leva et la quitta, et la pauvre enfant resta assise avec le sentiment d'impuissance hébété qui suit parfois la nouvelle d'une grande calamité, à peine capable de penser, la tête dans un parfait tourbillon.

Elle a été réveillée par l'infirmière qui lui a dit que sa sœur la voulait.

Puis une lueur d'espoir lui est venue ; elle en parlerait à Grace ; pensa-t-elle, maintenant que Grace était meilleure et plus capable de se faire une opinion, elle souhaiterait elle-même empêcher cette issue de secours et qu'elle penserait à revenir en arrière et à la proposer. Elle se dirigea vers elle, dans la chambre plus grande que M. Drayton avait insisté pour qu'elle lui accorde, et s'approcha du canapé où Grace gisait placide, entourée de fleurs et d'objets qu'il *lui* avait envoyés.

"Grace", dit-elle en s'agenouillant près d'elle et en regardant le visage de sa sœur avec un monde de protestation et d'anxiété dans les yeux, "quand tu iras à nouveau bien, cela ne te dérangera pas de renoncer au luxe. Quand tu seras vraiment à nouveau toi-même, tu le feras. tu n'as pas peur de la pauvreté ?

"Margaret, que veux-tu dire ?" s'écria Grace d'un ton agité ; "Ces choses, comme vous les appelez, sont pour moi une nécessité maintenant."

"Mais si pour les avoir, Grace, j'étais obligé de faire quelque chose que je déteste vraiment faire, cela gâcherait ma vie pour toujours ; tu te passerais de choses quand tu vas bien, Grace ? Et nous pourrions y retourner."

"Tu peux faire ce que tu veux, Margaret, comme tu veux, mais je ne retournerai jamais chez cet homme odieux et dans cet endroit détestable."

"Pas si cela m'a sauvé d'un chagrin permanent ?"

"C'est absurde, Margaret. Je sais très bien ce que vous voulez dire ; vous voulez dire que vous ne voulez pas épouser M. Drayton, et vous avez toutes sortes d'idées nobles ; eh bien, si vous l'épousiez, nous serions toujours heureux. , et je déteste la pauvreté ! » et Grace tira faiblement sa couverture – l'un de ses cadeaux – jusqu'à ses oreilles.

"Mais, Grace", supplia Margaret, ayant soif d'un petit mot de réconfort ou d'aide, "j'ai une si forte conviction qu'un tel mariage est une mauvaise chose à faire. Je pense que c'est tellement mal de se marier quand l'amour n'est pas là. . C'est une chose tellement solennelle, Grace. C'est comme faire le mal délibérément."

"Vous rendez tout solennel", dit Grace d'un ton maussade; "Je vous demande de ne rien faire que je ne ferais pas moi-même. Si M. Drayton me demandait de l'épouser, je dirais 'oui' directement."

"Mais nous sommes différents."

"Oui, nous sommes différents; et maintenant vous m'avez rendu malheureux. Je ne ferai plus rien maintenant, sinon rester tranquille et m'attendre à voir tout mon confort disparaître", et une violente quinte de toux la fit taire.

Cet après-midi-là, elle était pire ; l'excitation de la conversation avait été trop forte pour elle. Quand la nuit revint, la terrible hémorragie se produisit. Même l'infirmière a réprimandé Margaret.

« Votre sœur se portait si bien jusqu'à ce que vous alliez lui parler », dit-elle ; "On ne pourra jamais faire comprendre aux jeunes à quel point une personne dans l'état de Miss Rivers doit rester très silencieuse. Une autre attaque comme celle-ci pourrait lui être fatale."

Toute la nuit, Margaret a regardé et prié alternativement. Son esprit était fiévreux et excité. Elle était folle de remords un instant et désespérée l'instant d'après. L'attaque était terrible à voir en elle-même, et la profonde terreur de Grace la rendait encore plus terrible.

À l'aube du matin, une note gisait sur la table adressée à M. Drayton. C'était un appel qui aurait pu émouvoir quiconque n'était pas égoïstement tourné vers ses propres intérêts. Margaret lui a demandé s'il pensait qu'un mariage pourrait être heureux pour l'un ou l'autre sans aucun amour de son côté. "Je vous en suis reconnaissant, mais la gratitude est différente si vous insistez sur cette preuve. Vous me faites faire du mal, aucune bénédiction ne suivra." Elle a écrit ceci en espérant, en faisant confiance à sa générosité. Mais en l'envoyant, elle se dit que c'était sa dernière chance, que si ses paroles ne l'émouvaient pas maintenant, son sacrifice devrait être complet. Grace était allongée prosternée, trop languissante pour remarquer quoi que ce soit, trop épuisée pour pouvoir parler.

Le médecin était affligé, et la pauvre Margaret sentit qu'un reproche indirect lui était adressé dans les paroles pressantes adressées à l'infirmière : « Gardez Miss Rivers tranquille ; l'agitation, la moindre excitation sera fatale.

"Et cette étape, par laquelle seule il semble que je puisse la sauver, tue aussi ma vie," souffla doucement Margaret.

M. Drayton ne comprenait pas du tout tout ce que la pauvre enfant voulait transmettre dans sa lettre ; un seul fait ne comptait pas tous les autres : Margaret l'épouserait, et il avait gagné son point de vue.

S'il avait été là, M. Sandford aurait vu quelque chose sur son visage, ce que Margaret avait vu il y a longtemps. Ses yeux bleu acier brillaient de triomphe et d'une curieuse lumière changeante.

Il se rendit au « Soleil » dès qu'il le put, et Margaret lut son destin dans son expression ; et son cœur semblait mourir en elle.

Quelques semaines se sont écoulées. Où Margaret avait-elle appris toute la prudence dont elle faisait désormais preuve ? Elle allait faire un sacrifice. L'instinct de conservation la fit écrire à M. Sandford ; elle a insisté pour le voir immédiatement, et Mme Dorriman a supplié de venir la voir.

M. Drayton fut très ennuyé lorsqu'il découvrit ce qu'elle avait fait. "Ils vous emmèneront", dit-il; "ils s'interposeront entre nous."

« Je vous ai fait ma promesse, dit-elle froidement, n'est-ce pas suffisant ?

Il n'y avait pas de place pour l'un ou l'autre dans la petite auberge, mais Margaret prit un logement. C'était le mieux, car leur présence aurait trop agité Grace.

M. Sandford a trouvé une nouvelle Margaret dans la jeune fille froide, calme et résolue devant lui.

Elle lui dit brièvement et très doucement qu'elle avait promis d'épouser M. Drayton.

"Mais je ne le souhaite plus", dit-il avec empressement, espérant la voir s'adoucir et changer. Son expression dure et froide était une terrible déception.

"J'ai promis," répondit-elle, "et je voulais que tu viennes parce que, si je fais cela, c'est pour Grace; et tu dois te débrouiller pour moi, que, si je vis ou meurs, Grace soit prise en charge. Elle Je dois toujours en avoir beaucoup. Tu es sage et intelligent. Je donne ma vie, et Grace doit en avoir beaucoup.

"Mais, Margaret ! Est-ce que Grace vaut ça ? Une créature ennuyeuse, malavisée et égoïste——"

« S'il vous plaît, épargnez-la-moi ! » dit Margaret avec passion ; "c'est ma sœur et je l'aime."

"Mais certainement--"

"J'ai promis", répéta Margaret, et M. Sandford contrôla son humeur. Il dit doucement :

"Dites seulement une chose, que je ne suis pas la cause——"

"Je ne peux pas le dire", a déclaré Margaret avec véhémence; "Vous nous avez offert une maison et vous avez rendu cette maison insupportable."

"Vous n'êtes pas généreux."

« Étiez-vous généreux lorsque vous nous narguiez, lorsque vous disiez que nous devions y aller ?

"Je ne te l'ai jamais dit."

"Tu l'as dit à Grace, ma sœur, que j'aime plus que ma vie."

Puis il se mit en colère et il dit des choses cruelles et amères à propos de Grace ; et Margaret se releva et, reprenant sa réserve et sa froideur, lui fit face.

« Ce n'est rien pour vous, commença-t-elle à voix basse, vous dites ces choses et vous attendez que je les entende. Je n'apprécie pas votre amour pour moi – si vous m'aimez comme vous le dites – parce que vous m'étendrez. aucune patience envers ma sœur. Vous ne pouvez pas nous séparer – dans les sentiments. Elle fait partie de moi-même et – pour elle – des choses qui seraient autrement impossibles peuvent être réalisées.

M. Sandford resta silencieux. Il n'a jamais réalisé l'effet de sa violence, et il était conscient d'une telle sympathie pour Margaret qu'il la trouvait ingrate de ne pas lui rendre son affection dans une certaine mesure.

"Je n'aurai ni acte ni participation à ce mariage", dit-il en se levant.

"Tu ne m'aideras pas pour l'instant, alors ?" » demanda-t-elle avec lassitude, « et je n'ai personne d'autre.

M. Sandford a écrit une adresse.

"Cet homme va vous aider", dit-il, cachant ses sentiments inconfortables sous un ton plus bourru. " Il est avocat et arrangera les choses. Quant à moi, je ne suis d'aucune utilité et je me lave désormais les mains de tous vos soucis."

Il l'a laissée plus désespérée qu'avant. Elle était consciente maintenant d'avoir eu un vague espoir, d'une manière ou d'une autre, qu'il arrangeait les choses pour elle et Grace, qu'elle ait reçu de la gentillesse. Elle sentait que la loyauté envers sa sœur exigeait qu'elle soit en colère contre ses paroles ; et elle repoussa résolument tout regret de sa part.

Puis elle s'assit et commença à écrire à l'adresse qu'on lui avait indiquée. Elle avait du mal à écrire, et surtout à s'exprimer ; et tandis qu'elle réfléchissait à la meilleure façon de donner - cette chose la plus dangereuse - une demi-confiance, la porte s'ouvrit doucement, et Mme Darriman, son visage travaillant avec une agitation réprimée, entra et la prit dans ses bras.

Mme Dorriman était allée à Torbreck pensant qu'elle avait des nouvelles à donner qui changeraient beaucoup les choses pour Margaret et, par conséquent, elle n'était pas aussi bouleversée par la nouvelle de ses fiançailles avec M. Drayton qu'elle l'aurait été autrement.

Après des questions en larmes sur Grace et de nombreuses exclamations douces de tristesse et d'émerveillement, elle pensa qu'elle dirait quelque chose à Margaret à propos de M. Drayton ; elle serait prudente. Elle était trop timide pour agir selon sa propre conviction, elle se laisserait guider par sa réponse.

"Etes-vous vraiment fiancée à M. Drayton, ma chère Margaret, vraiment fiancée à lui ?"

"J'ai promis", dit la pauvre Margaret.

"Mais peut-être, ma chère, je pourrais vous dire quelque chose."

"Tu ne dois rien me dire", s'exclama-t-elle vivement. "Je l'ai promis... et... vous ne devez pas me compliquer la tâche."

"Alors c'est dur ?"

"Je donne ma vie !"

"Mais peut-être, Margaret, ce que j'ai à dire pourrait changer———"

« Rien ne peut changer les choses maintenant », et Margaret parla fermement ; "Je ne peux pas revenir en arrière et il a tant fait."

"C'est une erreur tellement misérable", et la pauvre Mme Dorriman réfléchit à la façon dont elle pourrait dire un mot, "d'autres feraient autant..."

"Mais Grace ne le veut pas. Non ! crois-tu que j'aurais dû consentir, crois-tu que je consentirais, si cela avait été possible... Oh !" s'exclama-t-elle et un regard de terreur apparut dans ses yeux, "même ceci est faux. Je ne devrais pas en parler ainsi. Cher!" continua-t-elle en se tournant vers la pauvre Mme Dorriman déconcertée, "vous devez m'aider et ne pas me laisser sentir que vous ne me comprenez pas. J'y ai pensé et j'ai prié à ce sujet, et je dois aller jusqu'au bout." Elle fit une pause pour reprendre le contrôle d'elle-même, puis ajouta : "et il n'y a personne d'autre".

"Il n'y a personne d'autre", répéta vaguement Mme Dorriman; "Je pensais qu'il y avait quelqu'un d'autre."

Avait-elle elle aussi vu cette passion naissante que Margaret avait étouffée avec tant de véhémence ? Une rougeur brûlante lui monta au visage et elle répondit avec colère : « Il n'y a personne d'autre.

Et puis ils parlèrent d'autre chose.

Après cela, Mme Dorriman garda le silence. Elle sentit sagement qu'en racontant à Margaret la visite de Sir Albert et en insistant, comme elle avait l'intention de s'y attarder, sur son anxiété de la retrouver, elle ne ferait peut-être rien de bon et ne ferait que du mal.

M. Drew, l'avocat à qui Margaret écrivait, était habitué aux déclarations les plus vagues possibles, que lui faisaient de temps en temps ses clientes. Mais il pensait que, tout au long de son expérience, il n'avait jamais rien lu d'aussi incompréhensible que l'épanchement de la pauvre Margaret.

Il ne pouvait distinguer que deux faits. Elle voulait que beaucoup d'argent soit mis en sécurité d'une manière ou d'une autre (puisqu'elle n'en avait pas elle-même), elle allait se marier ; puis elle a contredit cela et a dit *qu'elle* ne voulait pas d'argent. Ce n'était que sa sœur.

Comme elle nommait M. Sandford et que M. Drew avait une légère relation d'affaires avec lui, il lui écrivit et reçut l'illumination.

"Mlle Margaret Rivers a décidé d'épouser un homme pour son argent et souhaite s'assurer que sa part du marché ira au-delà des pertes commerciales; l'argent est demandé pour sa sœur, Miss Grace Rivers, et vous feriez mieux. faites bien attention à ce que vous faites, car M. Drayton, l'homme en question, est aussi glissant qu'une anguille.

Heureusement, la pauvre Margaret ne savait rien de cette explication. M. Drew est venu à Torbreck pour la voir. Il s'attendait à trouver une femme âgée et astucieuse, et il fut plus surpris qu'il ne pouvait le dire, lorsqu'il fut soudainement confronté à Margaret.

Son étonnement fut si grand qu'il resta un petit moment sans voix devant elle.

« Mlle Margaret Rivers ? » » dit-il d'un ton interrogateur.

"Oui, je m'appelle Margaret Rivers. Je vous ai écrit. Je suis désolé que vous ayez dû prendre la peine de venir."

"Votre lettre était un peu difficile à comprendre", dit-il en souriant et ne s'étonnant plus de son caractère vague. Comment cette jeune fille a-t-elle pu s'expliquer avec un inconnu ? et il était tellement étonné de penser qu'elle allait épouser M. Drayton qu'il n'en revenait pas. Quel en était le motif ?

Mais Margaret, ayant surmonté le plus difficile de tout, son propre consentement, essaya de dire clairement ce qu'elle avait à dire d'une manière grave et concrète.

"M. Drayton a promis... ma sœur doit être en sécurité..." c'était tout ce qu'elle avait à dire.

"Et vous-même, Miss Rivers ?"

"Je ne veux rien, rien pour moi, mais pour elle, il faut que ce soit sécurisé."

"Je ne vois pas comment cela pourrait être fait à moins qu'elle *n'épouse* M. Drayton. Tout arrangement financier doit prendre la forme d'un accord de mariage."

Elle le regarda d'un air vide.

"Est-ce vrai ? est-ce tout à fait vrai ?"

"C'est tout à fait vrai. Il peut y avoir une stipulation, une promesse, mais, pardonnez-moi, Miss Rivers, cela ressemblerait à une bonne affaire et pourrait conduire à des idées fausses."

« C'est une bonne affaire », dit la pauvre Margaret, tandis que son visage s'empourprerait sous son regard ; "ma sœur, d'une manière ou d'une autre, doit être sécurisée."

"Je pense que je ferais mieux de voir l'homme d'affaires de M. Drayton", dit-il, découvrant qu'elle ne se souciait que de ce qui pouvait être fait pour sa sœur.

« Un cas évident d'achat et de vente », se dit-il en la quittant ; "quelle jolie et séduisante fille ! Eh bien, je veillerai soigneusement à ses intérêts."

Il fut cependant très difficile d'amener M. Drayton à parvenir à un arrangement. Il fut complètement surpris. Si M. Sandford avait fait cela, cela aurait été tout à fait juste et ce à quoi on aurait pu s'attendre ; mais Marguerite, pour donner des instructions à un avocat et pour stipuler des questions d'argent ! Il s'approcha d'elle, en colère et agacé.

"Vous pourriez me faire confiance", dit-il.

"Comment puis-je faire confiance à la vie ?" dit-elle avec un regard solennel et grave ; "La mort est toujours là, et si tu mourais, ma sœur pourrait souffrir. Je pourrais mourir... Il doit en être ainsi."

Il frissonna un peu.

"Comment continuez-vous à parler de la mort, Margaret; et vous ne souriez jamais; vous ne ressemblez à aucune mariée que j'ai jamais vue, vous avez l'air si triste, si triste; savez-vous que vous faites un très mauvais compliment? Cela vous satisfera-t-il si je fais en sorte que ta précieuse sœur reçoive quelque chose à ma mort ?

"Non," dit Margaret avec fermeté, "tu sais que je t'épouse seulement parce que je ne peux pas m'en empêcher ni elle. Je ne t'ai jamais caché la vérité, jamais; si tu insistes pour m'épouser, je ne t'ai rien caché. ... Il n'est pas encore trop tard."

Il la regarda fixement.

"Je ne peux pas imaginer pourquoi je t'aime tant", dit-il amèrement, "en dépit de ton mépris, de ta froideur et de tout le reste. Je pense que je suis vraiment un imbécile."

"Pourquoi tu t'en soucies autant ?" dit-elle; "Il y en a beaucoup qui pourraient apprendre à t'aimer, beaucoup de filles plus belles que moi. Je ne suis pas si belle."

"Il n'y a qu'une seule Margaret pour moi", répondit-il, "et avec le temps tu m'aimeras", et pourtant il éprouvait un sentiment d'infériorité inquiet, de ne pas pouvoir atteindre son niveau.

M. Drew le trouvait très gênant et très difficile à gérer, et après tout il ne pouvait pas prendre les dispositions qu'il souhaitait. Margaret serait soumise à des restrictions et les administrateurs auraient beaucoup de pouvoir ; une somme très modeste a été garantie à Grace en cas de décès de M. Drayton. Bref, nous en sommes arrivés là ; que les deux sœurs dépendaient de lui pendant sa vie et qu'elles étaient très largement nourries, Margaret, à sa mort.

Les objections de M. Drew ont été rejetées par Margaret.

"Tout ce que je voulais, c'était avoir la certitude de me retrouver seul. Bien sûr, tant que je vivrai, tant que *nous* vivrons, Grace partagera tout avec moi. M. Drayton le permettra."

Il ne dit rien, imaginant qu'il l'avait promis. Dans son inexpérience, elle n'a jamais rêvé d'une vie séparée de Grace. Bien sûr, elle serait avec elle ; ils partageraient tout ; c'était si complètement dans son esprit que la pauvre enfant ne s'y attardait jamais, elle le tenait pour acquis. Elle reçut diverses lettres d'anciens camarades d'école lorsque son prochain mariage fut annoncé, mais elle ne put y répondre. Elle les mettait de côté et écrivait ensuite. Comment pourrait-elle répondre aux félicitations ? Une lettre d'une jeune fille qu'elle aimait particulièrement resta longtemps devant elle.

"J'ai hâte de tout savoir sur *lui* ", a-t-elle écrit. "Après l'intimité entre nous, j'ai ressenti durement ton silence; c'est maintenant expliqué; tu es heureux d'avoir déjà trouvé ton idéal; j'ai toujours eu peur que peu de gens puissent atteindre ton niveau élevé, et tu n'es pas le genre de personnage se marier sans amour ni estime. »

Pauvre Marguerite ! Déjà sa clairvoyance, non aveuglée par l'amour, lui montrait M. Drayton tel qu'il était : vaniteux et mené par sa seule vanité. Il était de bonne humeur dans tout le reste et enclin à être gentil, mais s'il n'était pas en bons termes avec lui-même, s'il n'était pas flatté, sa bonne humeur s'évanouissait et il devenait grossier et boudeur. Et Margaret, entre autres choses, redoutait sa grossièreté et, sans cette silhouette prostrée qui lui était si indescriptiblement chère, elle serait morte plutôt que d'affronter la vie avec lui. Pour elle, c'était une mort morale, et la partie la moins douloureuse du sacrifice était que, alors qu'elle ne voyait rien d'autre, elle tombait dans sa propre estime.

C'était une petite cérémonie tout à fait désespérée. Mme Dorriman, qui s'accrochait fidèlement à la pauvre enfant, l'accompagna à Glasgow, où M. Drayton avait pris toutes les dispositions nécessaires.

Rien de moins qu'une épouse ne s'est jamais rendue à l'autel. Pendant tout le temps de la cérémonie, Margaret n'entendait rien, ne pensait à rien, mais poussait de ferventes prières pour obtenir pardon et aide. Il y eut des adieux précipités. Mme Dorriman les vit monter dans le train : ils partaient pour un petit moment.

Alors qu'elle se tenait toujours là, Margaret tourna ses yeux en larmes vers l'homme qui était maintenant son mari.

"Quand reviendrons-nous ? Je veux envoyer un message à ma sœur."

Pour toute réponse, il lui répéta les mots qu'elle venait de prononcer :

"'Abandonnant tous les autres, ne s'attachant qu'à lui'" et, pendant qu'il parlait, le train démarra.

CHAPITRE IV.

Grace s'allongea après s'être séparée de Margaret avec le sentiment d'avoir enfin mis le pied sur un terrain sûr ; mais il n'y avait pas tout le sentiment de satisfaction auquel elle s'attendait. Le souvenir du visage blanc de Margaret et de ses lèvres tremblantes n'était pas agréable. C'était une manière assez particulière pour Margaret de prendre de la hauteur sur tout : elle voyait tout d'une manière exagérée ; cela venait d'un tel tempérament poétique, ce qui n'était pas toujours une chose souhaitable.

Malgré ces réflexions sensées, il y avait un fort sentiment d'inconfort et, même si Grace essayait de s'en débarrasser et de lire et de parler à l'infirmière, cela ne l'aidait pas. La nourrice pensait à la belle épouse que serait sa sœur ; sans jamais douter un seul instant de la fleur d'oranger, du satin blanc et du tout complet.

Mme Dorriman est rentrée tard et est entrée dans la chambre de Grace avec des signes de larmes, dues en partie à la tristesse de ce mariage et en partie à la fatigue. Les questions légères de Grace la troublèrent. Elle sentait que cela avait été un terrible sacrifice et elle souhaitait que la sœur qui le comprenait si peu puisse l'apprécier. "Pauvre Margaret chérie!" " dit Grace, " ne m'a-t-elle envoyé aucun message ?

"Elle n'avait pas le temps. Je l'ai entendue lui demander quand ils devraient être à la maison - elle souhaitait vous le faire savoir. J'ai entendu sa réponse. *Abandonnant tous les autres, ne s'attachant qu'à lui.* Mon esprit m'inquiète, Grace; ce pauvre enfant ne veut pas avoir tout ce qu'elle espère et attend de lui.

"Vous ne devez pas être si triste, Mme Dorriman, c'est tellement mauvais pour moi", dit Grace d'un ton maussade.

"Je suis désolée", dit cette pauvre femme qui ne voulait pas lui faire de mal. "Je ne pensais pas à toi, je pensais à Margaret."

"Tout le monde pense toujours à Margaret", poursuivit Grace d'un ton inquiet. "C'est la chose la plus extraordinaire, c'est toujours la même chose, c'est toujours Margaret."

"Reposez-vous maintenant et nous pourrons parler bientôt", a déclaré Mme Dorriman. « J'ai beaucoup à faire ; et à propos de vous, Grace, avez-vous des projets ?

"Ai-je des projets ?" » demanda Grace en ouvrant les yeux avec le plus profond étonnement. "Eh bien, dès que je pourrai déménager, bien sûr, je dois aller vivre avec Margaret, dans une jolie villa avec des arbres et tout, près de Londres !"

"Oh, alors c'est réglé", dit Mme Dorriman, très soulagée. "Je ne savais pas ; ce serait bien pour vous d'être ensemble."

"Oui, ce sera sympa", dit Grace avec enthousiasme. "Si tu savais comme j'ai envie de partir et de voir le monde."

"Pauvre enfant!"

"Maintenant, Mme Dorriman, vous voilà à nouveau aussi lugubre que possible. J'aimerais que vous ne…"

"Je ne ferais pas quoi ?"

"Parlez comme si je ne devais plus jamais me sentir bien", et Grace, faible et affaiblie, fondit en un violent flot de larmes.

n'y pensais pas ", dit précipitamment Mme Dorriman, "mais la vie est décevante, et si vous vous accrochez trop au monde, vous ressentirez de nombreuses déceptions de manière écrasante."

"Attends de voir", dit Grace, essuyant précipitamment ses larmes.

Mme Dorriman l'a quittée ; elle n'avait pas le courage de lui dire sa propre conviction que M. Drayton pourrait être gentil avec elle en matière d'argent, mais quant au fait qu'elle vive avec lui et avec Margaret, en faisant en bref sa maison, *elle* pensait qu'elle ne lui ressemblait absolument pas. proposer. Cependant, elle ne savait rien de vraiment à ce sujet. Ce qui s'était passé entre les sœurs, ou les arrangements et stipulations qu'elle avait pris avec M. Drayton, étaient également hors de sa connaissance, et elle croyait, d'après l'air confiant de Grace, qu'elle avait quelque chose de tangible sur quoi s'appuyer.

Entre-temps, M. Sandford insistait pour que sa sœur revienne, et le médecin tenait à amener Grace dans un climat plus agréable.

Elle avait certainement été meilleure et plus brillante ces derniers temps, et il espérait que si elle allait quelque part à temps, elle pourrait se rétablir.

Mme Munro a été extrêmement offensée par sa manière de dénigrer le climat. "Qu'est-ce qui vous dérange, c'est que vous médisiez toujours sur notre climat. Si l'eau monte, elle va forcément redescendre quelque part."

"Mais tout est en train de se dérouler ici en ce moment", dit-il en riant, "et c'est très humide. Tout va très bien pour vous et moi, Mme Munro, nous sommes tous les deux forts et en bonne santé, mais cette pauvre jeune femme ne se rétablira jamais à moins que nous puissions l'éloigner.

"Je ne sais pas pour l'humidité", a-t-elle déclaré. "Avec une bonne maison au-dessus de la tête (et celle-ci est une bonne maison) et des incendies, qu'importe le temps dehors ? Ce ne sont que des agitations, docteur, et rien d'autre."

Le bon docteur ne comprenait pas très bien le problème. Mme Dorriman avait écrit à son frère. Elle fut surprise du silence de Grace ; oubliant que dans l'extrême langueur de la première convalescence, nous acceptons les choses sans poser de questions, et que la fatigue de nous interroger sur l'avenir nous est souvent épargnée.

M. Sandford n'était pas du tout avare, mais il avait aimé Margaret et avait souhaité être gentil avec elle, et il reprochait à Grace d'avoir bouleversé tous ses arrangements, et surtout ce mariage.

Plusieurs choses s'étaient produites récemment qui lui faisaient penser à M. Drayton sous un jour très différent ; et il était en colère contre Margaret de l'avoir épousé, et en colère contre lui-même pour l'avoir un jour souhaité qu'elle le fasse.

Son caractère ne s'est pas amélioré avec l'âge. Il était plus irritable que jamais. Il trouvait tout à redire, et si Jean avait écrit à Mme Dorriman, elle aurait pu ajouter avec vérité le mot « déchaîné ».

Mme Dorriman lui a demandé de l'argent pour emmener Grace vers le sud. "Elle est malade et vous ne l'êtes pas, et dans son état de santé, je pense qu'il serait cruel de la renvoyer seule."

Sa lettre lui parvint au mauvais moment. Il venait de recevoir ce qu'il considérait comme une lettre des plus impertinentes de M. Drayton, et il s'assit et, dans le langage le plus grossier, dit clairement à sa sœur que les Drayton pourraient s'occuper de Grace, qu'il n'aurait plus jamais rien à voir avec elle ; et il insista pour *qu'elle* revienne immédiatement vers lui.

Pauvre Mme Dorriman ! Elle alla voir Grace sans savoir comment elle allait annoncer son départ, imaginant que la jeune fille se sentirait si seule sans sa sœur ni elle-même ; perplexe quant à la façon dont les souhaits du médecin allaient être exécutés, et à la fois inquiet et ennuyé.

Grace était de très bonne humeur. "Vous voyez, Mme Dorriman," cria-t-elle gaiement, "je peux traverser la pièce avec assez d'assurance!" et d'un pas très hésitant, elle chancela contre le mur opposé.

Sa silhouette atténuée et ses yeux brillants remplirent Mme Dorriman de compassion, et ce fut avec un grand effort qu'elle dit, lorsque Grace, haletante un peu, était de nouveau sur son canapé : « Quand avez-vous eu des nouvelles de Margaret pour la dernière fois, ma chère ?

"Il y a une semaine, elle est si paresseuse pour écrire, et quand elle écrit, elle ne me dit rien", dit Grace d'un ton très mesquin.

« D'où a-t-elle écrit ?

"Quelque part en Autriche, imaginez quelle chance elle aurait d'aller à Vienne, Paris, Berlin et Constantinople."

"Est-ce qu'elle t'a donné une adresse ?"

"Oh, elle ne le fait jamais, parce qu'elle n'a jamais la moindre idée de l'endroit où elle va. M. Drayton garde tout cela pour lui, j'imagine. Je lui ai écrit, mais j'envoie mes lettres par hasard. Restez, je pense. J'ai sa dernière lettre ici, vous pouvez la voir si vous le souhaitez. Pauvre Margaret, elle prend toujours la vie très au sérieux, elle n'a aucun sens de l'amusement, je suis sûr qu'avec ses opportunités, j'aurais dû en écrire une beaucoup plus longue et plus amusante. lettre!"

Mme Dorriman a lu la lettre et ses yeux se sont remplis de larmes. C'était une lettre écrite par quelqu'un qui avait perdu tout le printemps de la jeunesse : le malheur était présent à chaque page, et le désir de savoir que Grace allait bien, était entourée de confort et qu'elle était heureuse. C'était un cri suppliant de savoir si la démarche qu'elle avait faite avait été utile à sa sœur bien-aimée.

"Grace", dit Mme Dorriman après un moment ou deux, "quand vous déménagerez, comme l'espère le médecin, avez-vous de l'argent?"

" De l'argent ! Ma chère Mme Dorriman, quelle question étrange. Je n'ai pas d'argent... Quelques shillings, c'est tout. "

"Et Margaret vous en enverra-t-elle ? M. Drayton paiera-t-il toutes vos dépenses ?"

"Bien sûr qu'il le fera, maintenant que Margaret l'a épousé. Je vois ce que tu veux dire. Je ferais mieux de lui écrire à ce sujet."

"Oui, tu ferais mieux d'écrire." Le visage de Mme Dorriman rougit. "J'aurais aimé, mon pauvre enfant, qu'il en soit autrement, mais mon frère est toujours offensé contre toi. Je suis vraiment désolé, mais il veut que je rentre chez lui."

"Est ce qu'il?" » dit Grace avec indifférence, et Mme Dorriman remarqua avec un pincement au cœur que cette nouvelle qu'elle avait jugé nécessaire d'annoncer au malade ne l'affectait pas du tout.

"Il me veut tout de suite. Je n'aime pas te laisser seule ici, Grace, sans ta sœur; ce sera ennuyeux et solitaire pour toi."

"Ce serait le cas, mais tu vois, j'y vais aussi", dit Grace. "Si je n'ai pas de nouvelles de Margaret bientôt, j'irai à Londres chez eux et je les attendrai là-bas."

Elle parlait avec tant de confiance que Mme Dorriman était très soulagée. Malgré toute sa compassion, il y avait si peu de choses qui lui étaient agréables qu'elle ne pouvait jamais être affectueuse envers Grace, et elle-même, étant de nature chaleureuse, s'imaginait que la jeune fille devait manquer de cela en elle. Elle essayait toujours de l'aimer et échouait.

La lettre que Grace écrivait à intervalles réguliers, et avec quelques difficultés, parvint à Margaret après un certain retard. Elle était sur le Rhin, à Mayence, fatiguée par des voyages incessants et très inquiète pour sa sœur. Elle attendait avec impatience le retour de son mari, parti pour affaires.

"J'ai eu des nouvelles de Grace, écrites après qu'elle ait traversé le sol toute seule. Elle est capable de voyager maintenant. Quand pouvons-nous rentrer à la maison ?" demanda-t-elle alors qu'il entrait dans le petit salon.

Il rit un peu. "Donc Miss Grace peut voyager. Où a-t-elle l'intention d'aller ?" » demanda-t-il doucement.

Le visage de Margaret rougit. "Elle vient chez nous, elle doit vivre avec nous."

« C'est vraiment une nouvelle », dit-il en riant – et comme elle en était venue à détester son rire ! "Il y a deux côtés à cette déclaration."

"Vous ne pouvez sûrement pas vous opposer à ce que ma sœur vienne me rendre visite."

"J'ai bien peur de m'opposer à un couple aussi dévoué que vous et moi", dit-il avec un ricanement. "Aucune tierce personne ne trouverait cela agréable. En tout cas, je n'ai pas l'intention de l'essayer."

"Tu ne veux pas dire que ma propre et unique sœur ne peut pas venir me voir ?" » dit Margaret, sa voix hésitante.

"Je le pense vraiment. Je t'ai épousé ; je n'ai pas épousé ta sœur non plus. Elle n'est pas tout à fait dans ma lignée, et plus tôt tu le comprendras, mieux ce sera."

"Et la pauvre enfant, elle est malade et... sans le sou." Le cœur de Margaret battait jusqu'à suffocation. Elle s'était mariée pour cette seule raison et n'avait pas obtenu ce qu'elle considérait comme une certitude.

"C'est cruel de nous séparer", dit-elle, retenant ses larmes, se sentant impuissante et misérable.

"C'est une triste situation", dit-il avec son petit rire haineux. "Mais peut-être que l'excellent M. Sandford pourvoira à ses besoins."

"Et vous savez," dit Margaret avec indignation, "vous savez que notre présence à Torbreck était due au fait que Grace ne pouvait pas supporter la position dans laquelle il l'avait mise. Elle ne peut pas le supporter!"

" Comme c'est dommage ! Eh bien, voyez-vous, je ne l'aime pas du tout. Pourquoi devrais-je le faire ? Elle ne m'a jamais fait preuve d'une civilité décente, et je ne choisis pas de l'avoir. Il vaut mieux être franc avec vous. Je déteste tout. ses airs et ses grâces.

Les larmes de Margaret coulaient rapidement. Étouffant son émotion, elle rassembla son courage. Elle a dit : « Je ne t'ai jamais demandé d'argent, veux-tu m'en donner maintenant ?

"Pour lui envoyer... certainement pas."

"Vous ne donnerez pas d'argent", s'est-elle exclamée, désespérée.

"Non, je ne ferai rien de tel. Maintenant, Margaret, tu ferais mieux de me comprendre une fois pour toutes. Quand je t'ai épousé, j'avais l'intention de gagner ton amour. Je ne m'attendais pas à ce que tu me donnes un jour ce que je t'ai donné. Tu Tu ne m'as jamais donné une seule marque d'affection spontanée. Tu as l'air d'avoir le cœur brisé et un martyr. Penses-tu que je ne savais pas que tu m'avais épousé seulement parce que ta précieuse sœur avait choisi de se disputer avec son pain et son pain. du beurre ? Mais je m'en fichais. Je pensais que la gentillesse et l'affection gagneraient quelque chose en retour, je considère que, comme vous échouez dans votre part du marché, j'ai parfaitement le droit d'échouer dans la mienne. Et avec un de ses rires détestables, il la laissa réfléchir à ses paroles.

Margaret se dirigea vers la fenêtre ouverte et regarda le jardin et la rivière, brillants sous le soleil et semblant se moquer de son désespoir.

Il y avait dans ses paroles cette douloureuse part de vérité qui la remplissait d'humiliation. N'a-t-elle pas été justement punie ? Elle avait mal agi ; Le bien pourrait-il jamais sortir du mal ? Elle vivrait peut-être longtemps, et toute sa vie elle aurait cette terrible compagnie.

Elle joignit les mains et essaya de réfléchir calmement et dans la prière à ce qu'elle pouvait faire maintenant, alors que le silence de l'humanité au milieu du battement et de l'ondulation de la rivière était rompu et qu'une voix bien connue l'appelait par son nom.

"Margaret, ma Margaret, je t'ai trouvée ! Libre à toi de te raconter la fin de mon histoire. J'ai essayé de te raconter le début. Je t'aime ! Ma chérie, je t'aime ! Peux-tu m'aimer en retour !"

Un léger cri jaillit des lèvres de Margaret. Pendant quelques instants, le présent et toutes les horreurs de sa situation s'effacèrent de sa mémoire. Il se tenait à côté d'elle, et, ne lisant que le flot de joie avec lequel elle entendait ses paroles sur son visage, il la serra dans ses bras.

L'espace d'un instant délicieux, le ciel sembla s'ouvrir à elle. Elle a tout oublié sauf qu'il l'aimait. Puis, avec un cri, elle le repoussa et resta là, cachant son visage dans ses mains, trop misérable, trop misérable, pour pleurer ou toute expression extérieure. Il était consterné ; il avait vu la joie sur son visage et maintenant qu'est-ce que cela signifiait ?

Elle se tourna vers lui précipitamment ; il ne doit pas rester là ; il ne faut pas le laisser un seul instant dans l'ignorance. Avec une passion contenue, elle lui raconta tout, comment elle avait mal interprété ses paroles et comment elle avait essayé de l'oublier ; de la maladie de sa sœur et de son propre mariage. Une fois qu'elle commença à parler, les mots sortirent de ses lèvres. Elle lui fit part de sa cruelle et amère déception à l'égard de Grace, et elle lui demanda sauvagement de l'aider. "Que dois-je faire!" elle a pleuré. "Aide-moi!"

Il l'entendait avec le sentiment le plus amer contre l'homme qui avait utilisé son amour pour sa sœur, pour finalement trahir sa foi. C'était terrible pour lui de voir Marguerite, toujours si calme et si maître d'elle-même, dans une agitation si profonde et si terrible. Son chagrin pour elle était si puissant que le sien sombrait dans le néant à côté. Il avait toujours considéré son grand altruisme comme l'une de ses plus grandes perfections, mais le dévouement envers sa sœur lui paraissait tout à fait merveilleux.

D'un ton calme qui ne cachait pas encore entièrement l'agitation qu'il voulait lui cacher, il expliqua, de son côté, sa promesse à sa mère, son voyage et sa mort. À travers toute sa misère, un nuage s'est dissipé. Elle ne s'était pas trompée, et il l'avait aimée !

Ils se tenaient côte à côte, silencieux après cette levée du voile de leurs deux cœurs, lui remarquant avec agonie la transparence qui l'inquiétait.

Elle lui avait demandé de l'aide et il l'aiderait.

« Donnez-moi l'adresse de votre sœur, dit-il ; "Il n'y a qu'une chose que je veux maintenant comprendre, pourquoi Mme Dorriman ne vous a-t-elle jamais parlé de ma visite ?"

"Mme Dorriman ?"

"Oui ! Ne trouvant pas de nouvelles de toi, j'y suis allé et je l'ai vue. Elle ne savait pas où tu étais, mais je lui ai fait voir à quel point j'avais hâte de te retrouver. Je lui ai fait savoir que je t'aimais, Margaret ; elle ne t'a jamais parlé de moi ?

"Jamais", dit la pauvre Margaret en hésitant. "Ah!" » dit-elle, alors qu'une lueur soudaine lui revint à la mémoire, « Je me souviens maintenant qu'elle a essayé de me dire quelque chose, et je n'ai pas voulu l'écouter. Je ne savais pas – comment pourrais-je savoir – que cela se référait à toi ?

"Est-ce qu'il aurait été trop tard ?" demanda-t-il à voix basse.

"Je ne sais pas", dit-elle en passant sa main sur ses yeux sans larmes. "Je ne peux pas dire ce que j'aurais pu faire ; mais alors j'avais promis... N'est-ce pas difficile ?" s'exclama-t-elle. "Oh ! ça paraît dur d'avoir eu le bonheur à ma portée et de l'avoir perdu !"

Il était inexprimablement affecté, craignant de lui rendre les choses plus difficiles ; il a décidé de partir.

"Tu seras toujours pour moi mon type de féminité le plus élevé", a-t-il déclaré. « Veux-tu me faire confiance au sujet de ta sœur ? J'irai en Angleterre ce soir.

"Disons adieu maintenant et pour toujours", dit-elle en étendant les mains, puis, tandis qu'il les tordait dans les siennes, elle souffla "Que Dieu vous bénisse" et disparut ainsi hors de sa vue.

Sir Albert ne perdit pas de temps ; il savait que c'était mieux, il prit toutes ses dispositions et partit par le premier train qu'il put prendre.

Son seul réconfort serait désormais de faire quelque chose pour elle par l'intermédiaire de sa sœur. Mais quand l'agitation du départ fut passée et qu'il fut installé dans son wagon, il eut le temps de penser à son épreuve la plus cruelle et la plus terrible. Depuis qu'il avait commencé à connaître Margaret, son amour pour elle s'était accru. Il avait erré pour retrouver santé et force. Son image n'était jamais sortie de son esprit, et il avait cru lui avoir fait comprendre les choses si clairement qu'elle l'attendait quelque part. Il avait vu M. Drayton ; il était exactement le genre d'homme à se comporter comme il l'avait fait, et c'était tout à fait terrible de penser à cette jeune fille belle et innocente en son pouvoir.

Il ne s'est jamais reposé jusqu'à son arrivée en Écosse. Il se rendit directement à Torbreck, où il interrogea la propriétaire. Miss Rivers était partie. Elle était partie à Londres pour rester avec sa sœur.

Sir Albert n'a pas choisi de dire que sa sœur n'était pas là, mais il s'est enquis de manière minutieuse de sa santé et a laissé Mme Munro très impressionnée par ses manières et par les remarques réfléchies qu'il a faites.

"C'est un homme vraiment charmant", a-t-elle dit plus tard, "et, ma certitude, il sait poser des questions. Il était aussi précis qu'il pouvait l'être. Miss Rivers par ci et Miss Rivers par là. Elle a le nez droit comme Miss Rivers. . Je ne le nie pas, mais elle ne le suit pas, c'est beaucoup plus amical, c'est un ordre pour le mieux.

Mme Dorriman fut très surprise lorsqu'une fois de plus Sir Albert fut introduit dans le salon de Renton. Elle était trop timide pour ne pas s'alarmer de l'arrivée d'un homme qui ne cachait pas son admiration pour Margaret.

Savait-il quelque chose, et que savait-il ? Son expression était si distinctement interrogative qu'il y répondit, et s'avançant vers elle, et n'attendant pas la salutation conventionnelle habituelle, il dit : « Je sais tout, Mme Dorriman ; je l'ai vue… j'ai vu Margaret !

"Ah!" dit la pauvre petite femme avec un profond soupir de soulagement.

"Cela a été un travail cruel", a-t-il déclaré avec passion. "Pourquoi n'aurais-tu pas pu la sauver ?"

"Je ne l'ai su que trop tard. Comment pourrais-je la sauver ?" Elle parla surprise et pensa un instant qu'il avait raison. Puis elle se souvint : « Sa malheureuse sœur, Grace, ne lui a pas permis de nous faire appeler. Je ne savais pas où elle était. Et quand tu m'as quitté, tu ne m'as donné aucune adresse ; même si je l'avais eue, je suis Je ne suis pas sûr que j'aurais dû t'écrire. Il était alors trop tard. Rien n'aurait pu être fait... Comment va Margaret ? » demanda-t-elle après un moment de pause.

Il ne lui répondit pas tout de suite. Puis il dit d'une voix brisée : "Je n'ai jamais vu personne aussi changé ; elle n'est plus que l'ombre d'elle-même."

« Que Dieu l'aide ! » murmura Mme Dorriman.

« Cela a été terrible pour nous deux, » dit-il précipitamment, d'un ton qu'il s'efforçait vainement de calmer ; "Nous en reparlerons une fois et plus jamais. Elle, ma pauvre chérie, a mal compris quelque chose que je lui ai dit à Lornbay. Cela semble si étrange de penser qu'elle n'a pas vu à quel point je l'adorais. Je n'étais pas libre de lui parler tout à fait. ouvertement, parce que très jeune, à peine plus qu'un écolier, je me suis retrouvé dans une situation stupide, et ma mère m'a fait promettre de ne jamais avouer mon amour à personne sans le lui faire savoir au préalable. Elle comprenait le mot « libre ». pour signifier que j'étais en quelque sorte lié à quelqu'un d'autre. Sa fierté était dans les armes, et elle semblait avoir cru qu'elle ne m'avait pas bien compris. Vous pouvez imaginer qu'une telle idée allait de pair avec son désir passionné d'aider Grace. , et a gâché notre bonheur.

« Que Dieu l'aide ! » éjacula encore Mme Dorriman.

"Tout ce que je peux faire maintenant, c'est travailler pour sa sœur. M. Drayton refuse toute aide et ne la recevra pas, et Margaret est presque affolée. Je suis allé à Torbreck. Elle est partie de là."

"Mais où?" dit Mme Dorriman. « Vous ne devez pas juger mon frère durement, Sir Albert, mais, comme Grace est à l'origine du sacrifice de la pauvre Margaret, mon frère ne l'aurait pas ici ; il ne l'aurait pas aidée, sachant que M. Drayton avait accepté de le faire. "

" Et il refuse aussi. Eh bien, ma première tâche doit être de retrouver la pauvre fille, et pourtant, Mme Dorriman, je pourrais faire du mal au lieu de bien, si je fais la recherche en personne. Ne pensez-vous pas à quelqu'un qui pourrait le faire ? " l'entreprendre ? »

Mme Dorriman réfléchit en vain. Elle ne connaissait personne, et elle craignait beaucoup pour Grace, qui avait peu d'argent, aucune expérience et si volontaire, qu'elle nuirait probablement à sa santé déjà si délicate en faisant mille imprudences.

«Demandons à Jean», dit-elle en expliquant hâtivement sa position; et Jean, appelé pour lui donner des conseils, ce qu'elle aimait beaucoup faire, entra en scène, image d'un vieux domestique montagnard du meilleur type, plein autant de respect que d'estime de soi.

"Jean", dit Mme Dorriman, "Mme Drayton, Miss Margaret, je veux dire, s'inquiète pour sa sœur. Elle a quitté Torbreck et nous ne savons pas où elle est allée. Je pense que vous pouvez nous aider. Savez-vous de quelqu'un vers qui elle pourrait aller dans le Sud ?

"Comment va Miss Margaret ? Je ne peux pas encore lui donner cet autre nom", dit Jean en s'adressant directement à Sir Albert Gerald.

« Elle va plutôt bien, » répondit-il distraitement ; il pensait au visage pâle et espérait qu'il pourrait retrouver sa sœur et apporter un peu de réconfort et de bonheur à son cœur, et que le regard triste et mélancolique pourrait être adouci et réconforté.

"Eh bien, madame", dit Jean en se tournant vers Mme Dorriman, "en ce qui concerne Miss Grace, j'ai tendance à penser qu'ils sauront où elle se trouve à la gare ici."

"La gare ? Est-ce qu'elle est venue ici ?"

"Non, madame, elle n'est pas venue ici, mais elle m'a ordonné d'y envoyer ses cartons il y a quelque temps, et je l'ai fait ; et je crois qu'une fois qu'elle s'est rétablie, elle n'a pas longtemps été séparée de ses cartons. ".

Sir Albert saisit son chapeau, puis il se souvint que, à supposer qu'ils aient son adresse, il devait encore s'arranger pour que quelqu'un communique avec elle.

" Si nous trouvons son adresse, que pouvons-nous faire ensuite ? Bien entendu, je me donnerai la peine de le faire ; mais quelqu'un ferait mieux de partir, qui pourrait lui être utile. "

Mme Dorriman rougit. Elle n'avait aucun moyen propre et elle n'était pas sûre que son frère en fournirait ; sinon, elle était tout à fait prête à parcourir n'importe quelle distance, ou à faire tout ce qu'elle considérait comme utile.

Sir Albert vit l'hésitation et dit anxieusement : « J'espère que quiconque entreprendra cette mission de charité me permettra de l'aider – de la seule manière en mon pouvoir.

"Monsieur," dit Jean, "nous vous permettrons de nous aider si nous jugeons l'aide nécessaire. Mme Dorriman a beaucoup de tout sur quoi s'appuyer si elle en a besoin de cette façon. Elle ne traîne pas en velours, mais elle a si elle le veut."

« Chut, Jean, » dit sa maîtresse ; "Voulez-vous aller vous-même à la gare et vous renseigner, et Sir Albert attendra de toute façon jusqu'à votre retour."

Jean obéit, et Mme Dorriman, se tournant vers le jeune homme, dit avec une couleur exacerbée et un petit geste pathétique :

"Cela peut vous paraître étrange, mais, même si mon frère m'a donné tout ce que je peux désirer, je n'ai aucune maîtrise de l'argent. Vous n'êtes pas un parent, seulement un ami, mais d'une manière ou d'une autre, je ne me sens pas si difficile de le faire. je te serai redevable comme je le devrais.

« Merci pour ces paroles », dit-il sincèrement ; "Vous me rendrez un très réel service si vous utilisez mon argent pour cela. C'est la seule chose que je puisse faire", ajouta-t-il tristement.

Jean revint bientôt de la gare, avec un petit air de triomphe.

"'Deed, et n'avais-je pas tout à fait raison ?" dit-elle; "Mlle Grace a envoyé chercher ses affaires hier, et j'ai demandé à l'homme de mettre l'adresse sur papier pour moi : il est difficile de penser à ces étranges noms anglais."

Mme Dorriman et Sir Albert l'ont lu ensemble.

"Les Limes, Wandsworth."

« La maison de M. Drayton », a déclaré Mme Darriman ; "Comme c'est étrange ! et vous en êtes bien sûr ? il a refusé qu'elle y aille."

Elle parla à voix basse mais Jean entendit les mots.

« Cela n'arrêterait pas Miss Grace », dit-elle avec un bref rire ; "si elle a envie de faire quelque chose, il n'est pas facile de l'arrêter."

Mme Dorriman passa pensivement le papier entre ses mains. Comment pourrait-elle présenter l'affaire à M. Sandford afin de la gagner ? Chaque fois qu'elle lui parlait de Grace ou de Margaret, il se mettait en colère et créait une scène qui la rendait malade et nerveuse pendant des jours. Si cela pouvait lui faire du bien, elle le braverait, mais si cela ne servait à rien...

Sir Albert la regardait avec inquiétude. Il sentait que pour être réellement utile à Grace, à *sa* sœur, il fallait une main féminine, et il voyait qu'il n'était pas assez en coulisses pour apprécier toutes les difficultés de ce genre, mais une femme timide.

Il se sentit ainsi plus que jamais lorsque M. Sandford entra. Il était dans une telle passion qu'il pouvait à peine parler : il remarqua à peine Sir Albert, mais se jeta sur une chaise et regarda droit devant lui. Il était dans cette phase d'humeur où un homme s'efforce de rendre tous ses biens inconfortables et, si possible, de les mettre également en colère.

Sir Albert serait parti, mais Mme Dorriman a vu que quelque chose de pire que d'habitude s'était produit ; elle avait toujours peur quand son frère était seul avec elle, et quand il était de mauvaise humeur, elle était tout simplement terrifiée. Elle fit un geste de supplication qui arrêta le jeune homme de s'éloigner.

Il y eut un silence qui tomba comme un poids terrible sur les deux hommes, qui se regardèrent sans se rendre compte de leur attirance mutuelle, mais ce regard fut vu par le maître de la maison, et il enflamma sa passion. Il sauta de sa chaise, déversa une volée d'injures sur sa sœur Grace et Margaret, jurant et utilisant le langage le plus terrible, réduisant la pauvre Mme Dorriman à un état d'impuissance, de terreur et de consternation.

Sir Albert le regarda avec le plus suprême étonnement. Il comprenait maintenant tout ; Grace avait été exposée à cela et elle était partie, et il ne pouvait pas s'en étonner. Il pouvait tout à fait comprendre maintenant que Margaret avait estimé que n'importe quelle vie était meilleure que celle-là. Dans sa compassion pour eux, il exprima à haute voix ses pensées.

"Pas étonnant qu'ils aient fui cela", dit-il, tout inconsciemment, en regardant les gestes sauvages de M. Sandford, avec un sentiment d'indignation irrésistible.

M. Sandford l'a entendu et a compris. Il se retourna vers lui et dit :

" Vous ne savez pas quel motif j'ai de colère ; c'est une juste colère. L'homme qui a épousé Margaret est un scélérat et un escroc, et il est ruiné, et il *m'a presque ruiné* ! "

Avant qu'un autre mot ait pu être prononcé, il y eut le bruit d'une arrivée et, tandis que les trois restaient essoufflés, avec toutes leurs émotions de rage et de compassion, de chaque côté, tenus pour le moment sous contrôle, se glissa dans la pièce, sa tête aussi haut que jamais, mais l'air fatigué et troublé, — Grace Rivers !

«Je suis revenue», dit-elle en se laissant tomber sur une chaise; "Je suis trop fatigué en ce moment pour tout expliquer ; et," se tournant vers Mme Dorriman, "est-ce que quelqu'un paiera le taxi, car je n'ai pas d'argent."

Il y eut une pause. La colère de M. Sandford s'était épuisée, heureusement pour Grace, et elle s'assit, appuyée contre le dossier de sa chaise, et les observa tous avec un regard interrogateur.

"Je ne peux pas entrer dans tout maintenant, mais je suis allé chez M. Drayton ; il l'a vendue, et je suis venu ici parce que je n'ai nulle part où aller."

CHAPITRE V.

Lorsque M. Drayton revint le jour où Sir Albert avait vu Margaret, il rentra chez lui très contrarié. Il avait une telle confiance en lui-même que cela l'ennuyait de constater, comme il le constatait chaque jour, que la perte de son manager était à tous égards une perte pour lui. Rien ne semblait prospérer pour le moment, et il était ennuyé et très harcelé. Entrant dans le petit hôtel où il avait laissé Margaret, il demanda si un homme qu'il s'attendait à appeler l'avait appelé.

Le propriétaire, qui était un petit homme gros et confortable, avec une voix forte et épaisse, provenant en partie de tendances gutturales naturelles et en partie de la bière et de la pipe, répondit par la négative, mais il dit qu'il pensait que la gracieuse dame l'avait interviewé dans le jardin.

Surpris, il se rendit immédiatement chez sa femme et lui demanda si c'était vrai.

Margaret, qui avait résolu de lui dire que Sir Albert avait été là, et qui avait passé beaucoup de temps depuis son départ à se demander si elle était obligée de dire à son mari ce qui s'était passé, fut prise par surprise et un rapide rougissement lui vint. visage généralement pâle.

Comme beaucoup de femmes blondes et d'apparence délicate, elle avait un teint vif et le rouge colorait sa gorge. Son mari la regardait avec un froncement de sourcils méfiant et colérique, très différent de celui, rieur et moqueur, qu'il lui montrait habituellement.

"Sir Albert Gerald est passé ici par hasard", dit-elle, "il ne savait pas que nous étions ici. Il m'a parlé pendant un petit moment, puis il est parti."

"En effet ! et qu'est-ce qui te fait devenir rouge comme une pivoine, parce que j'ai découvert ça, hein ?"

"Tu as l'air si étrange," dit-elle, un peu effrayée par ses manières.

" Vraiment ? Croyez-vous que je puisse avoir l'air content quand je vois que la visite de cet homme a un tel pouvoir sur votre nature froide et indifférente, et que pour lui vous tremblez et rougirez, tandis que pour moi... ? Où est cet homme ? " et il se leva et se dirigea vers la porte.

"Il est parti en Angleterre", dit doucement Margaret. "Il est passé par le plus pur hasard et m'a vu ; il ne savait pas que j'étais mariée... Il est parti aussitôt."

" Oh ! et que lui importait que vous soyez mariée ou non ? " dit-il avec colère ; "était-il ton amant ?"

"Je ne l'ai jamais su jusqu'à..." Margaret était trop honnête pour éviter une question directe.

"Eh bien, ayez la gentillesse de parler ; si vous ne le faites pas..." et il se rapprocha d'elle.

Sa menace a donné du courage à Margaret.

« Je ne veux rien vous cacher », dit-elle froidement et avec dignité ; "Je ne savais pas que Sir Albert Gerald tenait à moi. J'ai mal compris quelque chose qu'il m'a dit à propos de mon manque de liberté. Il ne savait pas où j'étais et hier, il est passé par accident. Il ne savait rien. Je lui ai dit que je étais maintenant ta femme et... "

"Et tu pleures depuis qu'il est parti, et c'est pourquoi tu deviens blanc et rouge", a-t-il déclaré. "Si tu avais su qu'il t'aimait, tu m'aurais épousé ?"

"Jamais!" dit Margaret en le regardant directement.

"Merci", dit-il, "maintenant je vous connais. J'ai été complètement idiot !"

Il se jeta sur une chaise et regarda devant lui d'un air maussade.

"Vous m'avez épousé en sachant que je n'avais pas d'amour à donner," dit doucement Margaret; "Je te l'ai dit moi-même."

"Tu ne m'as pas dit que tu aimais quelqu'un d'autre," dit-il sauvagement, "et c'est bien différent ; tu m'as trompé du début à la fin !"

"Je ne vous ai jamais trompé volontairement — et je ne le savais pas moi-même", a-t-elle déclaré. "Je pensais que cela n'avait été qu'une pause agréable dans ma vie, et que tout était fini."

Il ne lui fit aucune réponse, mais en se levant pour quitter la pièce, il dit : « Vous devez être prêt à partir ce soir après le dîner. Une mauvaise nouvelle m'emmène en Angleterre.

"En Angleterre!" s'écria vivement Margaret. "Oh, je serai heureux d'être de nouveau à la maison."

Il la regarda un instant, puis, rejetant la tête en arrière, il rit de son ton habituel et, pour la première fois, ce son la soulagea.

Elle le connaissait peu. Elle ne connaissait pas l'intense jalousie morbide qui l'emplissait. Il n'oubliait jamais le moindre affront envers lui-même, ni la plus petite blessure infligée à sa vanité. Il cachait soigneusement ces sentiments, mais, tôt ou tard, il les faisait ressortir, et s'il pouvait se venger, il le faisait, lorsque toute l'affaire avait été entièrement oubliée par le délinquant lui-même.

Aller en Angleterre signifiait se rapprocher de Grace, dont elle n'avait plus entendu parler depuis longtemps, et elle se sentait moins désespérée et plus heureuse qu'elle ne l'avait été depuis très longtemps.

Pauvre enfant! Elle ne réalisait pas la grande différence que les paroles de Sir Albert avaient fait pour elle. Elle n'a pas analysé ses sentiments, mais elle était vraiment plus heureuse parce que l'aiguillon d'avoir aimé sans l'avoir recherché lui avait été enlevé. Elle ne se rendait pas compte à quel point cela la blessait et la blessait. Maintenant, la douleur était plus légère, tout était plus facile à supporter.

Margaret n'avait jamais beaucoup insisté sur le sujet de la richesse de son mari, et comme il avait trahi sa confiance en elle et avait refusé d'aider Grace, elle avait décidé qu'elle y parviendrait, dès qu'elle en aurait l'ordre. d'argent qu'elle espérait avoir, bien sûr. Elle était l'une des rares femmes non seulement qui n'aimaient pas les ornements, mais qui les détestaient plutôt. Elle avait une préférence pour tout ce qui était simple et frais, et estimait que tout, en matière de toilette, était gâché par les ornements et les garnitures. Elle aimait les étoffes douces qui prenaient des plis gracieux et n'aimait pas les soies froissées, et les quelques robes qu'elle possédait étaient remarquables par leur douceur, la coloration harmonieuse dans laquelle deux couleurs n'entraient jamais et une certaine adéquation à son style particulier. Cette expression extérieure de son sentiment de ce qui était agréable à regarder correspondait à sa pureté de pensée, dans laquelle si peu de choses mesquines ou petites pouvaient entrer. Elle était peut-être ce que Grace disait toujours qu'elle était : exaltée et encline à une certaine exagération de ses sentiments à l'égard de toutes choses ; mais les choses de tous les jours lui semblaient importantes, puisqu'elles affectaient la vie des autres, et elle avait la plus haute conception possible des devoirs de la vie en général et de sa propre vie en particulier. Elle éloigna résolument d'elle toute pensée sur ce qui aurait pu arriver et résolut de faire de son mieux pour être une épouse plus agréable pour son mari. Pour remplir ces devoirs, elle doit apprendre à mieux le connaître, à comprendre ses affaires et à s'intéresser à ses occupations.

M. Drayton, qui, en ce moment, gardait soigneusement ses pertes et sa position réelle à l'abri de la connaissance de tous, autant que possible, fut désagréablement surpris de voir qu'elle développait ce qu'il considérait comme une curiosité à ce sujet. Il imagina immédiatement qu'elle avait reçu un indice et qu'elle était proportionnellement alarmée et ennuyée.

Il trouvait inutile de tenter de lui donner des explications superficielles, généralement incohérentes. Elle était si dénuée de préjugés, et son véritable intérêt était si complètement en dehors de ces choses, que sa faculté critique était complètement affaiblie, et elle démontra ses erreurs avec une rapidité qui l'étonna. Elle avait toute la perspicacité qu'il recherchait, et il fut forcé de s'avouer que s'il n'avait pas été trop tard, elle aurait pu lui apporter une aide précieuse.

Mais il ne la comprenait pas, et il se méfiait d'elle ; par conséquent, il ne lui accorda aucune confiance réelle, et même à plusieurs reprises il essaya de la tromper.

À partir de ce moment, elle ne lui posa plus aucune question. Elle avait fait ce qu'elle croyait être son devoir, et le résultat fut de l'abaisser à jamais à ses yeux. Elle était en effet une jeune juge sévère, car beaucoup de ses découvertes étaient « dans la voie des affaires » et auraient pu être interprétées de manière élastique ; mais elle était consciente que ce résultat de son sens du devoir détruisait toute chance de s'abstenir des particularités de son mari, et, si tel était le cas, elle devait se résigner à ne pas comprendre ; elle ne lui causait plus de peine, et il était aussi incapable de comprendre le retrait de son intérêt que de son origine.

Sans âme à qui parler, sans réel intérêt pour sa vie, Margaret a fait ce que beaucoup de femmes avant elle ont fait, où il existait un cerveau inhabituellement actif et aucun débouché pour penser dans une autre direction. Elle se met à écrire, et son sens de l'harmonie, ainsi que son tempérament fervent et poétique, la poussent à écrire en mètre.

Pas toujours. Elle notait parfois ses impressions sur les personnages, sur les scènes ; elle notait ces changements rapides et subtils de sentiments à l'égard des choses animées et inanimées qui recevaient vie et couleur selon l'humeur du moment. Elle trouva un tel soulagement dans cette occupation qu'elle l'absorba peu à peu. C'était comme si elle déversait son âme auprès d'un ami, qui ne pourrait jamais la blesser ni la décevoir.

Mais elle n'a jamais imaginé qu'il y ait là un quelconque danger. Tout a été soigneusement détruit ou mis sous clé. Elle a passé de nombreuses heures seules et a constamment lutté contre elle-même. Sans cette occupation, elle aurait souffert davantage. Dès qu'un chagrin ou un chagrin passionné peut trouver son expression, il obtient un soulagement, c'est le fait d'être refoulé et étouffé qui donne de l'intensité.

Elle savait que l'amour (tel qu'il en avait besoin) était impossible à l'égard de son mari, mais elle avait pensé que l'estime et une certaine considération renforcée par ses capacités commerciales étaient à sa portée. Elle découvrait maintenant qu'il n'était pas vrai, qu'il n'avait pas une grande capacité ni une grande clarté de compréhension, et que son niveau en tout et en toute chose était aussi bas qu'il pouvait l'être.

Cette découverte ne fut pas tant un choc pour elle qu'une excuse pour ne plus se soucier de lui. Elle avait été guidée par son instinct vers un juste jugement de son caractère ; et on avait le sentiment de l'avoir compris dès le début, ce qui n'était pas sans satisfaction.

Tout cela fut mis sur papier – comme essai critique, c'était admirable, tranchant, concis et pertinent – mais c'était un tableau terrible jugé sans passion et, lorsque Margaret l'acheva, elle le mit en toute hâte dans son buvard ; elle se sentait troublée et coupable lorsque son mari l'appelait, et elle résolut de détruire ce registre de ses convictions les plus intimes. Elle avait peut-être eu tort de l'écrire, même à ses propres yeux. Puis ils sont partis ce soir-là.

Le voyage fut précipité sans se soucier de son confort et de sa commodité, mais Margaret ne fit pas attention ; l'idée d'être de nouveau à la portée de Grace la soutenait à travers la fatigue et tout le reste.

Elle savait très bien en ce qui concerne son mari que si elle avait choisi de le flatter, et si elle avait seulement pu se baisser un peu, elle l'aurait peut-être gouverné, mais ses principes étaient trop élevés pour cela, et elle se faisait un devoir d'être honnête. avec lui à sa propre perte.

Lorsqu'ils arrivèrent à Londres, il était encore tôt le matin et ils se rendirent, à sa grande surprise, dans un petit hôtel de très second ordre de la City, où tout était crasseux et mesquin.

"On ne rentre pas à la maison ?" » demanda Margaret, étonnée.

M. Drayton rit avec inquiétude.

"La vérité est qu'il y a du monde chez moi."

"Oh ! c'est laissé", dit Margaret d'un ton déçu. "Alors que devons-nous faire?"

"Nous pourrions prendre un logement... ils ne doivent pas être loin d'ici, et alors nous pourrons voir..." Il tourna les talons et la quitta.

Après s'être reposée, elle partit en taxi chercher un logement – une quête épuisante – et tout ce qu'elle vit près de ce quartier de Londres était si sale et si sale qu'elle retourna à l'hôtel désespérée. Son mari est arrivé si blanc et si complètement brisé qu'elle ne pouvait pas imaginer ce qui s'était passé ; mais il ne lui dirait rien.

La logeuse à qui Margaret parla lui suggéra des chambres à la campagne, à proximité d'une gare.

"Comme vous pensez tant à la propreté et à l'air frais, vous feriez mieux d'y aller, madame."

"Ce n'est que pour un petit moment - mon mari a loué sa maison et ne peut pas expulser ses locataires avant que leur temps ne soit écoulé", a déclaré Margaret, heureusement inconsciente du mensonge.

Elle aimait les chambres ; et puis, au moment où ils payaient leur note et partaient, son mari lui fit comprendre un peu comment ça se passait.

Jetant une poignée d'argent sur la table, il s'écria avec colère :

"Voilà ! c'est tout ce que j'ai au monde."

Margaret le regardait fixement : le besoin d'argent ne s'était encore jamais présenté à elle à propos de lui. Elle ne le comprenait pas littéralement, mais elle était surprise.

Ce soir-là, réconfortée par la propreté éclatante du petit cottage de Chiselhurst dans lequel ils s'étaient installés, elle lui demanda de lui dire ce qui n'allait pas.

Puis il lui a dit.

"J'ai tout perdu !" il a dit. "Je n'ai plus un shilling au monde, si ce n'est cet argent qui vous a été attribué. Je suis ruiné - je pense que je n'aurai plus de quoi vivre du tout", et il posa sa tête sur ses bras et pleura comme un enfant.
.

"Je ne peux rien faire ?" balbutia Margaret.

"Oui!" il a dit. "Vous pouvez partir, M. Sandford vous emmènera, vous pouvez partir. Notre vie conjugale a été courte, si elle n'a pas été joyeuse," dit-il amèrement, et il éclata d'un rire si sauvage que Margaret quitta la pièce.

Elle écrivit une longue lettre à M. Sandford ; le comprenant trop bien pour lui demander de l'aide, elle lui demanda de venir voir tout.

« Je connais un peu les affaires de mon mari, très peu, mais ce que je sais me convainc que tout ne peut pas être aussi complètement perdu qu'il le pense ; j'imagine que, parfois exagérément exalté, il est en ce moment exagérément déprimé ; et votre cerveau clair ça va changer beaucoup de choses... et puis, mon mari ne va pas bien.

Cette invitation faisait suite à l'apparition brusque de Grace chez lui ; et M. Sandford, qui était, dans une certaine mesure, impliqué dans la chute de M. Drayton, se contenta d'obéir à la convocation ; plus que du contenu, il y avait beaucoup de choses qui nécessitaient des explications, et c'était une tentation à laquelle il ne pouvait pas résister.

Il était également heureux d'avoir l'occasion de consulter un bon médecin sur lui-même. Il était malade et irritable, même au-delà de son irritabilité normale ; et se sentit mal et complètement de mauvaise humeur lorsque Mme Dorriman le rencontra au petit-déjeuner, avec un discours soigneusement arrangé pour faire du bien à Grace et éviter de blesser ses susceptibilités ; elle trouva que la question du maintien de Grace dans sa maison était devenue une question de peu d'importance, et que son petit discours, comme bien d'autres, n'était pas nécessaire.

Il quitta Renton, apaisé par la lettre que Margaret lui avait adressée, et impatient de la ramener avec lui. Bien sûr, elle quitterait Drayton, maintenant il ne pouvait plus la soutenir, et il devrait l'avoir à nouveau. Grace dont il ne se souvenait jamais.

Quand cette jeune dame s'éveilla le matin, elle fut surprise d'entendre tout si calme, et, sonnant sur sa sonnette, elle demanda à Jean, qui sonnait, pourquoi tout était si calme : « Est-ce que tout le monde est mort et enterré ? dit-elle en riant.

"Eh ! Miss Grace, nous devions nous taire pour vous ; vous aviez l'air si malade la nuit dernière, Mme Dorriman et moi avons dit 'whit !' toute la matinée, pour te laisser dormir. Dois-je t'apporter du thé ?

"Si vous le voulez", dit Grace; son ton était indifférent, mais Jean vit que ses yeux avaient une lueur nostalgique.

"Qu'est-ce qu'il y a, mon enfant ?" dit la vieille femme, son bon cœur se réchauffant envers la pauvre fille, si visiblement aux portes de la mort.

"Ce n'est rien", dit Grace avec un petit rire pitoyable, "mais personne ne m'a proposé de faire quoi que ce soit pour moi depuis longtemps."

Jean comprit et, lorsqu'elle but le thé, Mme Darriman l'accompagna.

Certaines femmes naissent avec un don pour allaiter, et Mme Dorriman était l'une de ces femmes. Grace, faible et faible, épuisée par le voyage, par le manque de repos et de confort des dernières semaines, fut soignée comme peu de gens le sont.

Elle était trop faible pour s'interroger sur quoi que ce soit. Elle n'a jamais demandé M. Sandford, et une seule fois Margaret. Elle gisait là, à l'endroit qu'elle avait tant détesté, reconnaissante désormais de pouvoir l'abriter.

Elle a évoqué légèrement ses expériences au cours de l'intervalle où elle avait quitté Torbreck et était allée à Londres pour voir le monde, et Mme Darriman était trop sage pour la questionner.

M. Sandford n'a écrit qu'une seule fois, et c'était une courte note à sa sœur : « Margaret refuse de quitter son mari », a-t-il dit, « vous n'avez donc pas besoin de l'attendre.

"Je n'aurais jamais cru qu'elle le ferait", murmura Mme Dorriman, à qui cela n'était jamais venu à l'esprit.

A Chislehurst, dans le petit endroit appelé par courtoisie villa, Margaret dut d'abord faire face à la colère de son mari. Rien n'aurait pu lui être plus odieux que cette enquête sur ses affaires que Margaret avait demandé à M. Sandford de faire, et pourtant il n'avait aucune raison de s'y opposer, et il était naturel que M. Sandford agisse pour Margaret.

Le retour de Grace fut une surprise nouvelle et des plus douloureuses pour Margaret. Elle réalisait maintenant qu'elle aurait pu se sauver ; si Grace avait pu, de son plein gré, chercher refuge auprès de M. Sandford, elle aurait peut-être été incitée à le faire auparavant, et son sacrifice aurait donc pu être inutile, n'est-ce pas ? aurait été. Mais une fois cette réflexion combattue, elle était heureuse que sa sœur, toujours aussi délicate, soit avec Mme Dorriman.

Pendant ce temps, M. Sandford et son assistant involontaire, M. Drayton, parcouraient une masse de papiers et de comptes ; et diverses transactions furent révélées qui ne faisaient aucun honneur à la capacité de M. Drayton, et encore moins à son honnêteté. Certains de ses actes étaient mauvais, d'autres étaient le fait d'un fou ; et étaient tout à fait incompréhensibles pour la prudence écossaise froide et la lucidité de M. Sandford. Il fit cependant peu de remarques, ne trahissant ses sentiments que par un serrement secret et soudain de la main, comme si cela pouvait être un soulagement de renverser quelque chose ou quelqu'un.

Il était également très difficile d'obtenir la vérité exacte sur quoi que ce soit ; il y avait une infinité de mémorandums, mais rien ne disait à quoi ils se référaient : à un achat envisagé ou à un achat réalisé.

En fin de compte, les choses allaient mieux que ce que M. Drayton avait d'abord craint, dans la mesure où il ne lui restait que quelques centaines par an, mais seulement cela.

M. Sandford a eu un entretien avec Margaret ; il la trouvait malade et il voulait qu'elle aille avec lui en Écosse pour voir Grace. Elle a parlé de son mari et lui a demandé s'il accepterait qu'elle vienne.

« Attention ! Est-ce que cela aura une importance ? dit-il sèchement.

"Je souhaite y aller si vous pouvez m'épargner", dit-elle doucement.

« Je peux vous épargner, » dit-il très grossièrement ; "si vous voulez y aller, c'est tout à fait suffisant."

" Je veux voir ma sœur. Je ne resterai pas longtemps absent ; et pendant mon absence, ne arrangerez-vous pas quelque chose ? Allez-vous vendre votre maison, vous l'aimez, je le sais, ainsi que le jardin ? "

» Elle parla, souhaitant l'encourager. M. Sandford lui avait dit qu'il n'était pas obligé de vendre cet endroit. Elle ne comprenait pas très bien que son mari restât si abattu et dans un état si étrange, et elle était vexée que M. Sandford le voyât sous un jour si désagréable.

Après quelques discussions, il fut convenu qu'il se rendrait au Limes et que tout serait mis en ordre pour le retour de sa femme. Mais alors qu'ils se séparaient, elle remarqua son expression, et cela la mit si mal à l'aise qu'elle se sentit vexée de l'avoir quitté à ce moment-là.

Cette impression la quitta au bout d'un moment ; elle resta très silencieuse pendant tout le long voyage, et M. Sandford avait de son côté beaucoup de choses à penser.

Lorsqu'ils arrivèrent à Renton, Grace était dans un état d'excitation presque pénible à voir. Elle riait, elle pleurait, elle bougeait autour d'elle, jusqu'à ce que Margaret la persuade de se taire et d'aller se coucher. Elle craignait toutes sortes de choses dont elle savait à peine quoi ; et, aspirant elle-même au repos et à la tranquillité, elle se sentit très reconnaissante que Mme Dorriman lui ait donné une autre chambre. Le lendemain, elle découvrit qu'elle avait encore un combat à mener contre M. Sandford.

"Maintenant, votre mari n'est plus en mesure de faire quoi que ce soit pour votre sœur", a-t-il dit, "vous resterez ici".

« Rester un moment, oui, mais les pertes de mon mari lui donneront plus que jamais envie de m'avoir avec lui, je pense. Il ne souhaitait pas que je reste à l'écart ?

" Oh ! il vous veut assez vite, mais vous ne pouvez pas prétendre vous soucier de lui ; et, maintenant qu'il a été assez fou pour dilapider une magnifique fortune, quel peut être votre but en retournant vers lui ? "

"Pour faire mon devoir", dit simplement Margaret.

"Votre devoir ! À mon avis, comme il ne s'est pas bien comporté du tout, vous n'êtes pas obligé de retourner vers lui. A-t-il bien comporté ? Je vous le demande clairement."

Margaret n'a pas répondu à la question.

"Rien ne peut m'absoudre de faire ce que je considère être juste."

Elle parlait très doucement, et M. Sandford ne disait rien de plus sur le moment, mais il reprenait constamment le sujet, et Margaret était fatiguée de répéter ses propres vues sur sa position.

C'était déjà assez dur de le trouver si déterminé à ce qu'elle reste, il était encore plus difficile de parer les attaques urgentes de sa sœur.

« Si tu pars, je mourrai », dit un jour Grace, après une longue et fatigante dispute, au cours de laquelle la pauvre Margaret avait essayé de lui montrer un plus grand sens du devoir.

"Pourquoi m'essayes-tu ainsi ?" » dit longuement Margaret. " Ne peux-tu jamais voir les choses sérieusement ? Oh, Grace, peux-tu concevoir qu'il soit possible que je fasse un vœu solennel et que je m'en moque ensuite ? "

"Mais tu ne peux pas prétendre que tu *aimes* cet homme, Margaret ?"

"C'est là que réside mon péché et ma punition", répondit la jeune épouse avec une lèvre tremblante. "Nous ne pouvons pas contrôler nos affections, cela je le sais, mais nous pouvons les contrôler, et nous pouvons en tout cas essayer de ne pas échouer dans d'autres domaines."

Grace n'aimait pas le ton grave avec lequel elle parlait ; elle s'était remise de la fatigue de son voyage et amusait souvent sa sœur par ses efforts pour gagner un sourire de M. Sandford. Comme d'habitude, elle était imprudente dans son discours, et la seule différence que Margaret pouvait voir était qu'elle n'essayait pas de le provoquer ; au contraire, dans toutes ses sorties maintenant, il y avait une certaine déférence subtile et implicite envers ses souhaits, nouvelle et plutôt gagnante.

La même triste réflexion revenait souvent à Margaret. En voyant Grace si heureuse maintenant, elle oublia complètement sa misère à la perspective d'un tel foyer devant elle ; et elle a été forcée de constater qu'elle avait ruiné sa propre vie pour des raisons insuffisantes. Il y avait tellement de douleur dans cela, et l'esprit sauvage de Grace l'avait tellement secouée, qu'après quelques jours, elle annonça son départ.

Ce n'est qu'à ce moment-là qu'elle a réalisé à quel point Grace s'accrochait à l'idée de l'accompagner.

"Pourquoi ne puis-je pas vous accompagner ? M. Drayton ne peut sûrement pas être assez barbare pour nous séparer maintenant."

"Je ne sais pas quels arrangements il a pu prendre, ma chérie. Je dois d'abord y aller seul."

"Si tu pars seul, je ne te suivrai jamais : je sais si bien ce que ce sera."

"Je ferai de mon mieux ; vous savez sûrement que je ferai de mon mieux ; vous savez que c'est mon souhait le plus cher."

"Oui, mais tu sais, mon cher vieux, que tu n'as *pas* mon pouvoir de diriger les gens. Maintenant, regarde le vieux Sandford. Il a juré de ne plus jamais vivre ici: il m'a anathématisé, je crois, et a envoyé sa pauvre petite sœur en prison. Je ne suis pas un hypocrite, et je dis tout bas que je suis venu seulement parce que je n'avais nulle part où aller, et le lion est devenu un agneau."

"Vous ne comprenez pas M. Drayton."

"Est-il pire que le vieil ours ici ?" et Grace fit une grimace comique de consternation.

Margaret ne sourit pas. Elle se força à parler clairement.

"Il est parfois difficile de savoir ce qui est juste", dit-elle pensivement. "Je n'ai jamais pu dire un mensonge, et parfois dire la vérité ne rend pas les choses faciles. Grace, ma chérie, j'ai épousé M. Drayton pour t'offrir un foyer et le réconfort dont tu as tant besoin. Il sait que ce n'était *que* pour ça, et il s'en veut, et il ne me laissera *jamais* t'avoir, jamais.

Elle sanglotait et elle n'avait pas envie de pleurer.

Grace la regarda avec un étonnement stupéfait.

"Tu ne veux pas dire que tu l'as laissé découvrir ça ?"

"Non, je lui ai dit. Je lui ai dit avant de l'épouser. Comment pourrais-je mentir ?"

"Et il vous a épousé après cette franche explication, et maintenant il se retourne contre vous ! Comme il ressemble à un homme !" et Grace, qui n'avait elle-même qu'une connaissance très limitée des hommes, avait l'air suprêmement méprisant. "Eh bien, ma chère Margaret, je n'irai pas avec vous, mais je vous suivrai."

"Mais Grace, chérie———"

"Mais Margaret, chérie. Je n'entendrai pas un seul mot. Je choisirai mon heure et j'arriverai à ma manière, mais j'irai."

Elle se moqua des scrupules de Margaret et tourna le sujet.

Grace était si gaie et si brillante, si débordante de bonne humeur, que tous les détenus de Renton Place furent surpris, à l'exception de Jean, qui répondit à l'expression de satisfaction de Mme Darriman par une courte phrase :

"Le lait bouillonne avant de bouillir."

Et Mme Dorriman se mit en colère et accusa son fidèle vieux serviteur de préjugés et de superstition, ce à quoi Jean ne répondit pas la moindre réponse.

Margaret était un peu inquiète ; son expérience de l'entêtement de Grace lui faisait redouter une étape qui n'apporterait le bonheur à aucun d'eux. Mais elle n'entendit plus parler de sa visite projetée, et peu à peu elle commença à espérer que ce n'était qu'une façon folle de parler.

Un grand changement fut apporté par la délicatesse de sa sœur. M. Sandford, parlant un jour de lui-même au médecin - Grace refusait de voir un médecin là-bas - a fait allusion à l'aînée des Miss Rivers comme étant délicate.

"On n'arrive jamais à la faire sortir ; elle dit que ça la fatigue ; elle a toujours été indolente."

"Ou délicat", dit le docteur; "Il ne faut pas qu'elle se fatigue ; tu devrais l'envoyer conduire."

"En voiture ! Pourquoi il n'y a pas de voiture."

"Il n'y a aucune raison pour qu'il n'y en ait pas", dit agréablement le médecin.

La nouvelle idée s'empara plutôt de M. Sandford, et peu de jours après, Grace fut informée qu'elle devait sortir et qu'une voiture était à son service.

La façon brusque de M. Sandford d'annoncer ce fait ne l'empêcha pas de voir la véritable gentillesse, et elle le remercia, tandis que les larmes brillaient dans ses yeux et qu'elle avait une plaisanterie aux lèvres.

Margaret la vit revivre sous l'influence de l'air frais. Elle avait plus d'une fois ajourné son voyage, bien contre son propre gré, et ne cédant qu'aux prières pressantes de Grace. Enfin, elle quitta Renton, le cœur lourd pour sa sœur. Elle avait trop d'affection pour elle pour ne pas voir que l'excitation et la gaieté étaient en réalité une partie de sa maladie ; elle redoutait le pire ; chaque fois qu'elle essayait de lui parler sérieusement, Grace se moquait d'elle ou pleurait jusqu'à ce qu'elle se rende malade, et rien de bon n'était fait.

En se dirigeant vers le sud, elle essaya de faire face aux devoirs qui l'attendaient : se rappeler seulement que son mari était son mari.

Il était tard et sombre lorsqu'elle arriva à Londres, et lorsqu'elle arriva à Wandsworth, elle essaya en vain de distinguer ce qui l'entourait. Elle ne voyait que les lampadaires ; et la faible lumière que donnaient les lampes, et qui s'étendaient sur une si petite distance, servait à rendre l'obscurité plus sombre entre elles.

Elle arriva enfin au Limes, ainsi appelé parce que deux tilleuls coupés faisaient la sentinelle de chaque côté de la porte.

Personne n'était là à la porte pour l'accueillir. Enfin, une femme en désordre arriva – parut surprise de la voir – attendit avec une impatience visible pendant qu'elle payait le cocher, traînait le mince bagage et frappait la porte, montrant à la jeune Mme Drayton le chemin qui remontait un trottoir dallé entre quelques lauriers épars. , et dans une petite salle en pierre triste et non meublée.

"Est-ce que M. Drayton est ici ? Ne m'attendait-il pas ?" demanda la pauvre jeune épouse, le cœur serré.

"Oh ! M. Drayton est là. Il n'a rien dit de votre attente."

Elle ouvrit une porte et, assis devant une table jonchée de papiers, son mari était assis, le visage enfoui dans ses mains.

Il la regardait avec un sourire vide : il ne la connaissait pas.

Il était terrible à regarder, si négligé et si négligé. Il doit être malade, très malade !

Le feu était éteint et la pièce n'était ni époussetée ni balayée, une odeur proche qu'elle ne reconnaissait pas remplissait la pièce.

Elle le persuada de s'allonger sur le canapé ; elle a allumé le feu; ouvrit la fenêtre, alluma la bouilloire pour obtenir de l'eau chaude et écrivit une note qu'elle envoya par la femme au médecin le plus proche.

Il est venu et a regardé la silhouette prostrée.

"Est-il très malade ?" » demanda Margaret avec inquiétude.

"Non, madame," répondit-il avec une expression étrange sur le visage, "il est seulement très ivre."

CHAPITRE VI.

Margaret regarda le médecin, qui lui avait si calmement annoncé cet effroyable fait, les yeux grands ouverts et le visage blanchi.

Ignorant son histoire, il fut surpris de trouver une si jeune créature dans une telle position, et il dit, poussé au respect par son air et ses manières : « C'est une nouvelle, et une nouvelle très désagréable, pour vous ?

"Je viens d'aller soigner ma sœur en Écosse", dit-elle précipitamment. " Mon mari a été seul... Tout est très misérable ; pouvez-vous me dire où j'ai pu entendre parler d'une nourrice, je suppose, et... de domestiques ? "

"Vous devez avoir un infirmier", dit-il.

"Je t'enverrai un domestique que je connais, et demain les choses iront mieux." Il resta un moment avec elle, perdu d'étonnement devant sa beauté, sa grâce et le contraste extraordinaire qui existait entre elle et celui qu'elle appelait son mari.

"J'aurai peur... ce soir. Il pourrait être malade."

" Oh ! tu ne dois pas rester seule avec lui, " répondit-il, puis, remarquant sa lassitude et sa pâleur, il dit : " Si tu veux aller prendre un rafraîchissement, je peux attendre ici, et quand je partirai, je t'enverrai quelqu'un."

Elle le remercia et alla voir s'il y avait une chambre dont elle pourrait prendre possession. À son grand soulagement, les chambres à l'étage étaient toutes meublées ; et après s'être lavé le visage et avoir pris un léger rafraîchissement, elle redescendit.

"Je puis vous dire que ma conviction est que cette terrible affaire n'est pas une habitude", dit le docteur en entrant. « M.... » la regardant à la recherche du nom qu'elle lui a fourni, « n'a aucun des signes d'un ivrogne habituel. Il a eu quelque chose maintenant qui a eu sur lui un effet terrible ; quand cet effet sera passé, il le fera peut-être. Je ne rechute jamais. Bien sûr, je parle d'une connaissance imparfaite, mais je pense que j'ai raison.

La pauvre Margaret ne pouvait pas lui répondre. Elle le vit partir avec un sentiment proche du désespoir. Elle était assise, regardant le feu, puis l'homme qu'elle avait juré d'honorer et d'obéir.

Elle se leva précipitamment de son siège et se précipita vers la fenêtre ouverte, suffoquant de douleur et d'horreur. Est-ce que cela devait être sa vie ?

Elle avait péché, et c'était sa punition ; et elle était si jeune, si très jeune. Elle avait peut-être une longue vie devant elle. Comme elle reculait devant cette perspective, et devant une autre qui lui était alors confrontée. Les larmes sont venues ; et, s'agenouillant devant la fenêtre, elle les laissa tomber. Jamais fille ne fut plus misérable, jamais plus abandonnée que cette pauvre enfant ; impuissante, charmante et dotée de nombreux dons dont elle était encore inconsciente.

Elle fut réveillée par le pas d'un homme sur le trottoir menant à la maison. Elle ne l'avait pas entendu sonner, mais il entra ; un homme sévère et grave, avec des yeux habitués à contrôler la faible volonté des autres, habitué à voir des scènes bien pires que celle-ci – bien plus terribles.

Il demanda à ce qu'on lui montre la chambre de M. Drayton, puis il se tourna vers Mme Drayton, qui restait immobile à regarder : « Vous pouvez dormir sans inquiétude, madame, » dit-il respectueusement ; "Je vais m'occuper de ce pauvre monsieur." Et Margaret le remercia et s'enfuit dans sa propre chambre, où elle s'enferma, pleura et pria tour à tour, et finit par dormir.

Le lendemain, le soleil brillait brillamment dans sa chambre, lorsqu'elle ouvrit ses yeux fatigués dans la vague conscience d'une lourde épreuve qui l'attendait.

Elle a appelé et a fait monter son petit-déjeuner (tel qu'il était) ainsi que ses bagages.

Le Limes était un joli endroit, grand pour une villa de banlieue. Il y avait une vaste pelouse derrière et des parterres de fleurs ; mais au-delà des buissons, et tout autour de la place, se trouvait un haut mur de briques, au sommet duquel, malgré une hauteur qui semblait interdire une telle possibilité, se trouvait une quantité de verre brisé pour empêcher les intrus d'entrer. Ce mur détruisait tout le bonheur de Margaret, elle pensait que cela faisait ressembler l'endroit à une prison.

Elle s'habilla et descendit, où elle fut accueillie par l'homme qui était venu la veille au soir. M. Drayton allait mieux, mais il était plus sage de ne pas le voir tout de suite, dit-il avec fermeté mais respect ; et la pauvre Margaret craignait de voir trop clairement sur son visage que cette interdiction était un soulagement.

Lorsque le médecin vint, ce qu'il fit bientôt, il lui dit que sa femme lui avait demandé de lui dire qu'elle serait volontiers utile et qu'elle pourrait recommander des domestiques : et toute la journée elle fut occupée à les voir et à arranger un peu les choses.

Quelques jours plus tard, son mari entra dans la salle à manger ; la salua en riant, comme si elle venait de rentrer ; et il était apparemment aussi bien que jamais.

Mais elle remarqua que le domestique, qui avait remplacé le premier, ne faisait aucune attention à lui lorsqu'il réclamait du vin, et qu'il lui fournissait une faible dilution du buffet.

Les jours s'écoulaient avec une régularité monotone, le bonheur de Margaret consistant à ne pas voir son mari ; sa misère, quand elle l'a fait. Elle a acheté des livres, lu et cultivé ses fleurs ; et a essayé de se résigner à sa vie. Mais il était impossible à sa nature fervente et passionnée de se résigner. Même si elle s'était elle-même mise sous ce joug, son angoisse n'en était pas moins.

Elle se tourmentait souvent en se demandant si l'amour aurait survécu à cette terrible expérience ; sûrement l'amour le plus sincère aurait reçu son coup mortel.

Quelques mois s'étaient écoulés lorsque Margaret vivait une époque où la mort semblait très proche et tenait son bébé dans ses bras. Elle n'avait pas attendu cela avec joie, mais quand cela arriva, toute la maternité s'éveilla dans sa nature ; tout son amour, refoulé et ne trouvant aucune issue dans une autre direction, coulait vers cette créature faible et impuissante. Elle lui prodiguait des caresses sans fin ; elle vivait pour ça ; elle l'adorait.

Ses lettres à Grace, si rares et si dépourvues de toute information, étaient désormais pleines de son enfant, de ses progrès et de sa merveilleuse intelligence.

M. Drayton n'a montré aucun sentiment autre que celui de la jalousie à ce sujet ; mais cela ne dérangeait pas Margaret. Il dormait dans sa chambre, et elle s'y consacrait.

Jusqu'à présent, M. Drayton ne lui avait plus jamais donné raison de le craindre.

Même le domestique expérimenté le prononça aussi bien que quiconque, et il reprit ses occupations habituelles.

Un soir, Margaret était à l'étage avec son enfant, en retard.

Il y avait eu un orage, et le tonnerre grondait encore au loin. La pluie tomba et, alors que Margaret était assise à côté de son petit, elle éprouva une pitié naturelle pour les voyageurs par une nuit aussi orageuse.

Comme il pleuvait à verse et comme la nuit était noire ! Elle fermait les volets de peur que le sommeil du bébé ne soit troublé par les éclaboussures bruyantes de la pluie sur le toit inférieur d'une dépendance, et elle reprenait son livre, lorsque son mari entra dans la pièce, l'air parfaitement sauvage, un papier en sa main. Avec beaucoup de difficulté, elle le fit descendre avec elle, appelant sa nourrice pour qu'elle aille voir l'enfant.

Prudente et voyant combien il était terriblement excité, elle s'assit près de la sonnette et essaya de lui parler à voix basse.

Mais elle fut effrayée lorsqu'elle vit que le papier qu'il tenait était le compte rendu de son opinion sur son caractère, écrite en Allemagne, qu'elle avait eu l'intention de détruire et qu'elle avait oublié depuis longtemps.

"Alors, madame," dit furieusement son mari, "c'est votre franche opinion sur moi." » Il parlait sur un ton de rage concentrée.

"Cela a été écrit il y a longtemps", balbutia Margaret.

"Oh, cela a été écrit il y a longtemps. Eh bien, maintenant que je connais votre opinion sur moi, je vais modifier ma conduite envers vous - vous vous faufilez..."

Il est venu vers elle. Margaret, effrayée, a sonné et le son, à sa grande surprise, s'est répété à l'extérieur. Il y eut du tumulte dans la salle. Avant qu'elle ait pu parler, Grace, mouillée, fatiguée, mais avec toute sa nonchalance habituelle, entra dans la pièce.

Avant que les sœurs aient pu s'embrasser, M. Drayton se précipita entre elles, furieux. La vue de Grace, qu'il détestait, le rendit fou, et le domestique la supplia de partir, tout en faisant tout son possible pour le retenir.

"Oui, tu ferais mieux d'y aller, chérie", sanglota Margaret.

"Mais tu ne resteras pas ici, tu viendras aussi", supplia Grace, haletante.

"Oh, Grace, mon enfant ! Je ne peux pas le quitter, je ne peux pas risquer de le déplacer."

Elle écrivit au crayon l'adresse du médecin, et vit partir sa sœur, résolue à aller la voir le lendemain matin.

"Le docteur t'aidera, Grace, et si tu trouves de belles chambres, je m'en occuperai pour toi."

Elle aperçut la frêle silhouette dans le fiacre et, frappée par la tristesse de son départ, elle envoya un domestique avec elle. Puis elle monta les escaliers et ferma soigneusement la porte pour tenter de faire face à cette nouvelle et terrible complication.

Qu'avait-elle à faire?

Pour la première fois, elle avait vraiment peur. L'expression de son mari était si pleine de méchanceté. Comment pouvait-elle continuer à vivre ainsi ?

Elle y réfléchit longuement et profondément et résolut que le lendemain, elle emmènerait bébé voir Grace, le lui laisserait et irait consulter un avocat avisé pour savoir ce qui lui était possible de faire. Dans son ignorance et son inexpérience, elle pensait que le fait qu'il boive la libérerait. Elle avait encore beaucoup à apprendre.

Le lendemain, M. Drayton n'était pas sorti de sa chambre, et le discret domestique lui conseilla de se dépêcher et de sortir avant qu'il ne soit debout.

"Il a été très gênant et violent", dit-il, "et vous feriez mieux de ne pas le voir. Il vient de se retourner contre vous, et comment il a obtenu quoi que ce soit m'échappe complètement. Je l'ai observé comme un chat."

Peu de temps après, Margaret, avec sa nourrice et son bébé, partit voir Grace et, à son grand mécontentement, ne la trouva pas seule. Paul Lyons était là, plein de sympathie, mais une sympathie exprimée avec très peu de tact ; et tout en désirant être un véritable ami — et même en désirant occuper ce poste — il blessa l'orgueil de Margaret par la manière dont il se permit de lui parler de son mari.

Cependant, elle a tenu bon et, prenant le train pour Londres, elle s'est rendue chez un avocat dont elle avait entendu parler, ne connaissant personne elle-même. Sa visite là-bas ne lui a apporté aucun réconfort.

M. Spratt était un homme occupé et considérait toutes les clientes féminines à la lumière des obstacles. Celui-ci était très joli, mais obstructionniste néanmoins.

"Comment puis-je vous servir, madame ?" furent ses premiers mots, et Margaret ne savait pas trop comment exposer son cas.

Elle le regarda pendant quelques instants, et sa patience, assez naturelle, commença à céder. Il portait des lunettes bleues, circonstance qui réduisait tout le monde à la même teinte quant au teint, ce qui était à la fois un inconvénient et une sauvegarde. Poussée à parler par son impatience évidente, Margaret lui demanda d'une voix tremblante : « Si un homme boit, une femme peut-elle le quitter ?

" D'un commun accord. S'il la maltraite, elle pourra peut-être le faire... par arrangement. Madame, " dit-il en s'adoucissant un peu, un très peu, au ton doux et suppliant de sa voix, " tout ce que vous me dites est confidentiel... exposez votre propre cas et non un cas abstrait. Votre mari boit-il ? »

"Oui", dit la pauvre Margaret.

"Est-ce qu'il te maltraite quand il est ivre ?"

— Non, dit le pauvre enfant en tremblant, il... il me fait peur.

" Ah ! vous voyez que la loi reconnaît la cruauté, et autre chose, comme cause de séparation légale, ou même de divorce, mais le fait qu'un homme soit ivrogne n'est pas pris en compte. "

"Pas pris en compte ?" dit Margaret en répétant ses paroles avec la plus grande surprise.

"Non. Ce fait, un fait très terrible, n'a que peu d'effet contre un homme aux yeux de la loi, que, bien que vous soyez trop jeune pour avoir des enfants, *à supposer que* vous ayez eu des enfants et que vous ayez quitté le père, la loi donne les enfants à lui et non à toi : ils restent avec lui, ils ne vont pas avec toi.

"Dieu aide moi !" murmura-t-elle avec ferveur, le cœur arrêté par le grand choc de cette annonce. Et si elle l'avait quitté, comme elle avait autrefois songé à le faire, son bébé lui aurait peut-être été caché.

"Alors tu ne peux pas m'aider !"

« Je crains que non », dit-il sans méchanceté ; "La loi concernant les droits des mères est un peu unilatérale, un peu injuste, je l'avoue, mais jusqu'à ce qu'ils soient modifiés..."

« Au revoir », dit Margaret, prise maintenant d'une sorte de terreur, de peur que quelque chose ne soit arrivé à son enfant pendant son absence ; elle se sentait si loin qu'elle devait se dépêcher de rentrer.

"Au revoir, madame", dit le vieil avocat en voyant devant lui quelqu'un d'extraordinaire dans son expérience. "Si jamais votre mari vous frappe, nous pourrions avoir une affaire."

"Et mon bébé !"

"Bon Dieu, un bébé ! Vous avez un bébé ? vous avez l'air si très jeune", dit-il sur un ton d'excuse. "Ah, eh bien, vous voyez, nous n'avons pas besoin d'aborder cette question tout de suite."

Elle est descendue complètement effondrée. Elle s'était toujours accrochée à la conviction que si les choses tournaient vraiment mal, elle pourrait y aller. Elle avait eu une sorte de croyance aveugle que les lois de son pays — dont on se vantait si souvent et qui étaient le fruit de tant d'intelligence et de capacités — étaient là pour s'appuyer sur elle et la protéger.

Elle s'arrêta pour reprendre haleine et se ressaisir un instant, et elle était sur le point de s'éloigner de la porte quand quelqu'un passa dans un fiacre ; un instant plus tard, il s'était arrêté net, avait sauté et avait congédié le cocher. Puis il fut à côté d'elle, et au moment de sa plus profonde angoisse, Sir Albert Gerald se tenait à ses côtés.

Elle était complètement malheureuse, trop écrasée pour être surprise. Il vit qu'elle était tout à fait inapte à lui parler, qu'elle avait subi un choc violent, et il essaya de réfléchir rapidement à ce qui était le mieux pour elle.

— Je veux retourner auprès de ma sœur, dit-elle enfin à voix basse. "Veux-tu m'y emmener ?"

Il a appelé un taxi et l'a fait monter dedans, puis il est monté et a dit à l'homme de se rendre à la gare.

Quel était le sens de tout cela ? Elle a dit sa sœur, pas son mari. Avait-elle quitté son mari ? Il avait envie de tout savoir, et pourtant il ne pouvait rien lui demander.

"Vous savez que vous pouvez compter sur mon amitié", lui dit-il avec sérieux, et la bonté de son ton, les soins qu'il prenait à elle, tout contrastait avec la misère de sa maison, et elle s'allongea dans le wagon avec une grande attention. des larmes coulaient inconsciemment sur son visage. Il la reconduisit en sécurité jusqu'à la porte de sa sœur , et là il la laissa, soucieux de ne pas aggraver ses difficultés, mais déterminé à être à sa disposition si elle avait besoin d'aide.

"Voici mon adresse", dit-il en la lui donnant. "À tout moment, je suis prêt à vous servir, et j'ai confiance et j'espère que vous ne me refuserez pas la seule chose qu'il me reste à faire : laissez-moi vous être utile."

"Merci", dit Margaret avec gratitude. "Si je demande de l'aide à quelqu'un, j'irai vers toi." Et alors qu'elle le quittait, son sourire de parfaite confiance lui alla au cœur.

Grace ne pouvait pas comprendre le ravissement sauvage de sa sœur lorsqu'elle tenait à nouveau son bébé dans ses bras. "J'ai failli te perdre, oh, ma chérie !" elle l'entendait murmurer, et elle lui prodiguait des caresses ; et elle semblait ne rien entendre, rien voir, à part cela.

"Un bébé rond, au visage potelé, sans rien particulier qui le distingue des autres bébés", telle était la façon de le dire de Grace.

Margaret avait subi un choc si violent qu'elle ne fut ni contente ni mécontente lorsque M. Lyons réapparut, prêt et impatient de marcher jusqu'au Limes pour la voir chez elle et d'essayer d'obtenir la permission de lui rendre visite.

Cependant, alors qu'ils approchaient de l'endroit, M. Drayton était sur le pas (avec son domestique) à la recherche de sa femme.

Il avait horriblement peur qu'elle soit partie, et maintenant qu'il était redevenu lui-même, il ne se souvenait plus de ce qui s'était passé. Son domestique ne pouvait ou ne voulait rien lui rappeler, et le vague sentiment d'effroi d'avoir dit ou fait quelque chose de terriblement violent le remplissait d'effroi. Mais tous ces sentiments de remords furent balayés lorsqu'il vit M. Paul Lyons comme son escorte, la nourrice et le bébé fermant la marche.

Elle se tourna brusquement lorsqu'elle s'approcha de lui, et tandis qu'il claquait la lourde porte derrière le petit groupe qui entrait, un frisson de peur traversa le cœur de la pauvre Margaret.

Elle avait l'impression qu'une porte de prison s'était refermée sur elle.

Hélas! aurait-elle pu regarder en avant et voir le véritable avenir qui s'offrait à elle, à quel point son angoisse avait été profonde, bien plus profonde, à quel point ses sentiments étaient angoissés !

Elle est montée à l'étage avec son bébé. Elle avait vu son mari se diriger vers son salon en bas des escaliers, et elle y resta jusqu'à ce que le dîner soit prêt, puis elle le rencontra.

Il resta silencieux et maussade pendant le dîner, et elle essaya en vain de le faire parler.

Ce fut un repas lamentable. Margaret était fatiguée par ses efforts inhabituels et terriblement déprimée par les nouvelles qu'elle avait entendues, et M. Drayton était jaloux et misérable et plein de projets de vengeance vindicative, l'opinion écrite de sa femme à son sujet lui irritait le cœur.

Le lendemain, de nouvelles complications surgirent. Grace a envoyé à sa sœur une note lui demandant si elle pouvait payer le préposé et divers luxes qu'elle avait eus. "Je ne pense pas vous avoir dit que j'ai eu une violente dispute avec le vieux Sandford lorsque je l'ai quitté, donc bien sûr je ne peux pas lui demander de l'argent. Voudriez-vous me l'envoyer aujourd'hui, s'il vous plaît ?"

Margaret avait dépensé le peu qu'elle possédait pour son expédition de la veille ; mais elle pensait que, même si son mari ne voulait pas avoir sa sœur à la maison, cela ne le dérangerait pas de l'aider. Il avait été assez généreux lorsqu'ils étaient à Torbreck.

"Veux-tu s'il te plaît me donner un chèque ?" lui dit-elle lors de leur rencontre.

"Pourquoi?"

"Je veux payer certaines choses pour ma sœur. Vous ne lui permettrez pas de venir ici. Elle n'est pas assez bien pour retourner en Écosse. Elle veut de l'argent."

"Est-ce qu'elle?" il a dit. "Alors elle le voudra peut-être ! Elle n'aura pas un seul sou de mon argent, je le jure !" et il frappa violemment la table avec sa main.

"Que dois-je faire?" demanda sa femme d'un ton de détresse.

"Qu'importe ? Je te nourris et t'habille parce que tu es ma femme. Je te l'ai déjà dit, je n'ai pas épousé ta sœur et je n'aurai rien à voir avec elle."

"Je dois donc aller la voir et prendre des dispositions pour elle", dit Margaret en se détournant.

"Pas si vite", dit-il, tandis qu'un rire résonnait dans la pièce qui la faisait frissonner à nouveau. "Tu ne sors plus sans *moi* . Je peux te dire que je ne permettrai plus à un misérable homme de courir avec ma femme, non, non!"

Pendant une seconde, craignant que l'escorte de Sir Albert n'ait été connue de lui – en soi si innocente, mais peut-être qu'elle pensait maintenant imprudente – elle rougit un peu, et il s'en aperçut, et cela augmenta sa rage.

"M. Lyons n'aura plus jamais le plaisir de vous accompagner", dit-il. « Je m'en occupe. Darby et Joan – Darby et Joan ! et un autre éclat de rire sauvage retentit.

Margaret le laissa réfléchir à la prochaine étape et envoyer à Grace quelques lignes pour expliquer sa non-apparition. Elle résolut d'écrire à Mme Dorriman et de lui exposer quelque chose de sa triste situation. Toute la vérité, elle ne pouvait se résoudre à la réprimer.

Mais le temps passait ; elle n'a reçu aucune lettre de Grace ni de Mme Dorriman. Son mari semblait passer tout son temps à la surveiller, et si elle essayait de sortir, il se tenait à ses côtés. Elle fit appel au domestique, mais il lui dit qu'il n'était là que pour veiller à ce que son mari ne sorte pas seul et ne boive pas pour rien d'autre ; qu'il ne pouvait pas intervenir. « Je ne peux pas vous aider et vous encourager, madame, » dit-il ; "C'est *peut-* être ta sœur, mais ce n'est peut-être pas le cas, et s'il en résulte quelque chose, cela ne me semblera pas bien . "

Le jeune visage indigné de Margaret le réprima et il s'arrêta net.

Elle était parfaitement impuissante. Elle pouvait se promener dans le parc et voir peu de choses sur son mari. Elle pouvait passer des heures avec son enfant, mais elle ne pouvait jamais sortir. Elle sentit que c'était bien une prison, et elle une prisonnière !

Elle n'avait même pas le réconfort de savoir que Grace avait reçu ses lettres, puisqu'elle ne recevait aucune réponse ; puis elle fut terrifiée à l'idée que Grace écrive et dise quelque chose dans sa lettre au sujet de M. Drayton.

Elle en était tout à fait malheureuse ; sa nourrice était une femme timide, et elle avait essuyé une rebuffade ; elle avait peur de changer de position à son égard, et la pauvre fille ne savait que faire.

Elle se tenait près de la porte d'entrée et regardait son bébé sortir dans le jardin lorsque la sonnette de la porte d'entrée sonna violemment, si fort qu'elle la fit sursauter. Avant de pouvoir l'ouvrir, la clé devait être obtenue auprès de M. Drayton. Lorsqu'on lui répondit, Margaret, qui s'était un peu arrêtée par curiosité, attendit de voir qui pourrait venir dans cet endroit triste et abandonné.

À sa grande surprise, elle aperçut Sir Albert Gerald. Il la vit, et avant qu'un quelconque démenti conventionnel puisse être émis, il se précipita et la salua joyeusement.

Elle était tellement bouleversée de joie maintenant qu'un visage amical apparaissait qu'elle oublia tout mais qu'elle voyait devant elle celui qui irait la chercher chez sa sœur. Elle lui saisit la main et l'entraîna dans le salon, où son mari la regardait avec des yeux furieux.

Mais il n'a rien dit ; il se leva et tendit la main, et une nouvelle peur s'empara de Margaret. Si M. Drayton pouvait ainsi se contrôler, n'y avait-il pas de ruse là-bas ? Elle savait qu'il buvait. Maintenant, elle craignait qu'il soit fou. Un souvenir de son premier instinct contre lui lui revint et elle se couvrit le visage de ses mains. Elle ne pouvait pas dire un mot à Sir Albert sans qu'il l'entende, et elle lui était très reconnaissante d'avoir maintenu la conversation avec M. Drayton ; cela lui donnait le temps de réfléchir.

Tout à coup, elle parla de sa sœur et le pria d'aller la voir, de lui faire savoir comment elle allait. « Vous êtes un ami, dit-elle ; "Vous verrez si vous pouvez l'aider. Je ne peux pas aller la voir maintenant, même si j'en ai envie!"

Les larmes lui montèrent aux yeux ; il était choqué et effrayé pour elle. Il y avait quelque chose de sinistre dans l'expression de M. Drayton.

Il resta aussi longtemps qu'il le put, puis il partit en promettant de revenir ; et il a laissé Margaret plus heureuse grâce à sa promesse de voir sa sœur.

M. Drayton commença à se déplacer avec agitation dans la pièce après le départ de Sir Albert et se rapprocha tout à coup de sa femme ; la regardant avec un sourire malicieux, il dit : "Tu ne parleras *jamais* à un autre homme tant que je vivrai !" Margaret ne répondit pas, mais elle sonna et le laissa murmurer pour lui-même sa vengeance contre elle et son visiteur.

Sir Albert, pendant ce temps, se rendit au logement de Grace et la trouva malade, nerveuse et très inquiète au sujet de la pauvre Margaret. Elle n'avait aucun confort et aucune assistance convenable ; et voyant à quel point elle était vraiment malade, et avec la pauvre Margaret pleine d'esprit, il télégraphia à Mme Dorriman et la supplia de ne pas perdre de temps, mais de venir vers le sud.

Le lendemain, il alla voir Grace et la trouva dans l'une de ses humeurs les plus excitées, les yeux pétillants, le teint éclatant.

Tantôt elle se moquait de tout, tantôt elle s'attardait sur leur propre histoire.

Elle était pleine de remords à propos de Margaret. "C'est tellement épouvantable, je l'y ai poussée, c'est comme un meurtre."

"Je ne l'ai jamais compris", dit Sir Albert à voix basse.

"Bien sûr que non. Pauvre chérie ! quand il lui a proposé pour la première fois, nous étions à Renton, et oh, c'était odieux pour moi à l'époque, même si je pense que c'est tolérable maintenant ; et j'étais fou de m'éloigner - n'importe où de cet endroit enfumé. La pauvre Margaret l'a refusé et m'en a parlé... Vous comprendrez pourquoi j'ai le cœur si brisé maintenant. J'étais déçue, j'étais si égoïste et j'ai pensé qu'elle aurait pu le faire.

"Est-ce que c'est à ce moment-là———"

"Maintenant, ne m'interrompez pas", dit-elle, luttant pour parler d'un ton léger, même si son cœur était lourd. "Je suis comme une horloge, je peux continuer quand je suis remonté, et si je suis retardé, je sonne complètement mal."

"Je ne vous interromprai pas... mais," dit-il en rougissant, "votre sœur souhaiterait-elle que j'entende tout cela... ne pensez qu'à elle... si cela ne lui plaisait pas ?"

"Je ne pense pas à elle ni ne parle d'elle, sauf en référence à ma partie de l'histoire", dit Grace d'un ton mesquin.

"Eh bien, nous sommes allés à Lornbay, j'imagine que vous vous souvenez bien de l'endroit, car vous étiez là-bas. Eh bien, Margaret avait un autre amant là-bas" (elle ne le vit pas commencer), "et ce long, dégingandé, serait- « Eh bien, mon jeune homme voulait aussi épouser ma Margaret et, bien sûr, elle a dit : « Non, et je n'étais pas du tout ennuyée, » continua-t-elle naïvement, « car il n'avait pas six pence.

"Eh bien, vous voyez, je commence toutes mes phrases par ce mot utile, mais ce n'était tout simplement pas bien maintenant. Nous sommes allés dans un petit village des plus détestable appelé Torbreck, et là j'ai bêtement pris froid et toussé. Je n'ai jamais entendu parler de personne. qui a toussé comme moi. Puis M. Drayton nous a découverts, et j'oublie exactement ce qu'il a fait, mais il nous a donné tellement de choses, et des raisins, et comment je l'ai remercié. Puis il a encore voulu épouser Margaret "Oh. !" s'est-elle exclamée, les larmes coulant sur son visage, "Je ne pourrai jamais, jamais oublier une nuit." Elle est venue s'agenouiller près de mon lit et elle m'a demandé si ce sacrifice serait vraiment ce que je souhaitais ; elle a dit que ce serait lui donnant la vie, et que la situation était pire pour elle maintenant qu'elle ne l'était avant son séjour à Sir Albert, ne vous détournez pas de moi maintenant. Vous ne pouvez pas haïr mon acte plus que moi — vous ne pouvez pas avoir une opinion inférieure. de moi que de moi-même. Je me suis excité, et je lui ai dit "fais-le!" et Grace s'est allongée sur sa chaise complètement épuisée.

Que pouvait dire le jeune homme ? L'acte était accompli et rien ne pouvait le défaire. L'égoïsme total de la conduite de Grace ne pouvait trouver aucune excuse ; il essayait de maîtriser son émotion ; il ne pouvait réussir qu'à dire d'une voix brisée quelque chose sur le pardon de Dieu.

Mais Grace avait dépassé toute l'angoisse de voir cette horreur sur son visage. Elle s'était efforcée de lui raconter l'histoire et avait mis Margaret dans ses yeux ; et elle avait cédé à l'épuisement, et était sourde et aveugle à tout ce qui se passait autour d'elle – pour le moment.

Il resta un moment et la quitta, choqué de la violence de ses propres sentiments contre elle.

L'image de son pauvre amour d'enfant, agenouillé au chevet de la sœur qu'elle adorait et qui la sacrifiait sans pitié, pour quoi faire ? Quelques luxes.

C'était absolument terrible d'y penser, et il oubliait de prendre en compte la faiblesse de sa santé qui aurait pu altérer son jugement. Il a attendu à Londres jusqu'à ce qu'il pense que Mme Dorriman avait le temps de répondre, c'est pourquoi, par crainte d'erreurs, il a daté son télégramme. Sa réponse arriva, mais elle ne fut pas entièrement satisfaisante. *Mon frère est très malade et je ne peux le quitter, mais j'envoie ma bonne Jean.*

Il retourna au logement de Grace et dit à la propriétaire qu'une vieille servante de la famille était en route. Puis il essaya de réfléchir à la meilleure manière de transmettre cette nouvelle à Margaret.

Il sentait que son admission était une chance, et il craignait de lui aggraver la situation en s'y rendant trop souvent ; mais il doit risquer quelque chose, elle doit savoir d'une manière ou d'une autre ce qui concerne sa sœur, elle doit avoir l'esprit tranquille.

Incapable de se décider, il errait lorsqu'il fut attiré par un livre curieux dans la boutique d'un libraire. C'était quelque chose de plus qu'un magasin, car il y lisait que ce n'était rien de moins que le bureau de « l'Ouvrier industrieux », un journal dont il connaissait le nom.

Il entra pour demander le prix du livre, et le petit homme intelligent, qui lisait un poème en larmes, le posa pour s'occuper de lui, en disant : « Je vous demande pardon d'être si absorbé, mais j'ai quelque chose de très beau ici ; " et lui tendit le papier que Sir Albert reconnut dans les lignes soigneusement écrites : l'écriture de Margaret.

CHAPITRE VII.

Lorsque Margaret quitta Renton Place et que Grace l'avait accompagnée, le premier véritable sentiment d'avoir été coupable vint la troubler. Cette confiance intense en elle-même qui, en règle générale, la protégeait des sentiments inconfortables, l'abandonnait maintenant ; elle essaya de s'argumenter d'une manière plus joyeuse, mais trouva cela sans espoir. Était-ce parce qu'elle était plus faible et que sa maladie lui avait ébranlé les nerfs ? Quand la nuit tombait et que la maison dormait, la mémoire venait se confronter à elle. Son égoïsme la remplissait de remords ; combien de choses pouvait-elle se remémorer maintenant, alors que Margaret, sa douceur et son dévouement indéfectibles, avaient été considérées comme si peu, mises à l'épreuve par son propre amour absorbant d'avoir ce qu'elle voulait ?

Après tout, quelle petite chose pour laquelle elle avait poussé son sacrifice, et avec quelle facilité la volonté propre, qui avait finalement été obligée de céder, aurait pu le faire auparavant et la sauver !

Elle comprit, encore vaguement, la beauté du caractère de sa sœur. Comme leurs sentiments étaient éloignés l'un de l'autre ! Comment Margaret insistait non seulement sur la vérité, mais aussi sur la plus haute expression de la vérité, comme la seule chose à laquelle elle se souciait.

Les larmes coulaient sur son visage et, chaque matin, elle la trouvait pâle et sans fraîcheur.

Le manque de sommeil et le tourment incessant d'une conscience nouvellement réveillée rendaient Grace inhabituellement irritable, sa gaieté d'esprit était irrégulière et, en fait, n'était utilisée que comme un masque pour cacher la douleur perpétuelle qu'elle devait supporter, une douleur jusqu'à présent, jusqu'à présent, plus angoissante que n'importe quelle douleur corporelle.

M. Sandford, qui était lui-même en mauvaise santé, n'avait aucune affection pour lui permettre de soutenir ses manières provocatrices.

Il était terriblement ennuyé et préoccupé par Margaret, il était bouleversé et mortifié par d'autres choses.

Il était impossible que M. Drayton ait perdu, comme il avait perdu, sans que le fait soit largement connu, et la part de M. Sandford fut universellement condamnée. Il était ouvertement accusé d'avoir fait une patte de chat de l'homme dont le rire génial et les manières insouciantes lui avaient valu l'épithète de « bon garçon » de la part d'hommes qui n'avaient ni souffert à cause de lui ni connu son manque d'attirance contrebalancé.

M. Sandford savait que s'il n'avait pas été un imbécile et un imbécile timide, alors qu'il aurait dû être audacieux, il n'aurait pas perdu, mais il y avait justement ce grain de vérité dans l'accusation qui la faisait piquer.

La réputation d'un homme d'affaires – qui n'a pas la racine de l'honnêteté là où l'honnêteté doit être une condition *sine quâ non* – si l'on veut lui accorder du respect ; est comme les espèces gracieuses de sapins que l'on trouve sur les collines écossaises et dans de nombreux bois, où, au lieu d'envoyer leurs racines profondément dans la terre, comme le font les autres espèces, elles s'étendent près de la surface, et le premier vent violent les jette et expose l'emprise superficielle qu'ils ont sur la terre mère. Le nom de M. Sandford, qui occupait autrefois une place si élevée, commença à être mentionné avec une certaine réticence. Un hochement de tête ou un haussement d'épaules en dit long, même s'il ne peut être répété. Cela a du poids ; les gestes sont souvent mémorisés lorsque les mots, en particulier les mots vagues, sont oubliés.

Une fois qu'un petit début est fait, comme il est facile de continuer ! Les gens recommençaient à se rappeler qu'il y avait beaucoup de choses dans les affaires du pauvre M. Dorriman qui n'avaient jamais été bien comprises.

Ce sentiment s'est fait sentir. La première fois que M. Sandford voulut mettre en œuvre une mesure avec sa main lourde habituelle, les membres de la société, dont il était président, s'y opposèrent. Personne ne l'a accusé ouvertement, mais certaines choses ont été insinuées.

Son sentiment vif de tout manquement envers lui-même lui fit comprendre instantanément la situation des choses ; et, bien qu'il se maîtrisât suffisamment pour ne montrer aucun signe extérieur, il rentra chez lui avec une rage au cœur, d'autant plus terrible qu'elle n'avait eu aucune issue. C'est à ce moment inopportun que Grace le provoqua.

Mme Dorriman a tenté en vain de conseiller la jeune fille volontaire, en privé. Elle l'entendit impassible. Jour après jour, il y avait des scènes dans lesquelles ses paroles provocatrices le piquaient.

"Pourquoi ne devrais-je pas dire ce que je pense, ma chère Mme Dorriman ? Je ne peux vraiment pas me taire."

"Je ne crois pas que vous disiez ce que vous pensez. Vous parlez exprès pour provoquer mon frère."

"Et pourquoi ne devrait-il pas être provoqué ? La vie me donne beaucoup d'épreuves. Je préférerais moi-même une autre maison ; mais si je suis obligé de vivre ici, je ne parlerai pas ni ne me tairai selon les souhaits de M. Sandford. et je n'ai pas l'intention d'être un hypocrite.

"Personne ne souhaite que vous soyez hypocrite, mais vous n'avez pas besoin de dire ce que vous avez à dire de manière désagréable. Vous le mettez toujours en colère, pas tant par vos paroles que par la façon dont vous les prononcez."

"M. Sandford est un tyran, et plus vous lui cédez, moins vous risquez d'en obtenir. J'espère que je ne vivrai jamais pour être aussi effrayé et timide que vous!"

"Je ne suis pas trop timide pour dire ce que je pense, si c'est juste de le dire."

"Oui, tu l'es ! tu as l'air effrayé, et cela suffit pour un homme comme ton frère. Maintenant, je ne peux pas vraiment avoir l'air effrayé, car un homme en colère est pour moi un objet ridicule. Cela m'amuse."

"Je ne peux m'empêcher de dire que vous avez eu une leçon ! Une fois, vous avez provoqué mon frère de telle manière que vous et Margaret êtes partis, et la pauvre Margaret doit maintenant souffrir ; vous pourriez voir que vous faites du mal et pas du bien ; " et Mme Dorriman se sentait tellement en colère qu'elle n'a pas mesuré ses paroles. "Tu ne souffres pas, mais elle souffre, et sans toi, sans ta façon de parler à mon frère, elle serait en sécurité avec nous, pauvre enfant!"

Elle l'avait effectivement arrêtée pour le moment, et, elle-même émue par cette déclaration en paroles de pensées qui lui étaient souvent présentes, elle se leva et quitta la pièce.

Elle n'avait rien dit que Grace ne se soit dit avec remords, mais la vérité même de son discours la mettait en colère.

Elle entendit la voix de M. Sandford. Il appelait le nom de sa sœur. Il l'a rencontrée dans les escaliers en larmes.

Elle le dépassa rapidement et, indigné et d'humeur pleine d'irritabilité, il se dirigea vers le salon chez Grace.

"Je veux que tu saches," dit-il de sa voix la plus colérique et la plus forte, "que je ne te permettrai pas d'intimider ma sœur."

"Non", dit Grace langoureusement, "vous aimez monopoliser ce privilège!"

"Comment oses-tu me parler de cette façon ?"

"J'ose te parler de quelque manière que ce soit. Pourquoi dois-tu toujours être étudié ? et pourquoi tout le monde doit-il te traiter comme si tu étais un être d'une autre sphère ? Tu intimides ta sœur, et tu m'intimiderais si je l'étais. avoir le moins du monde peur de vous. Mais je n'en ai pas. Votre sœur a essayé de me faire comprendre qu'il fallait vous faire plaisir — elle a fait un dessin touchant et a ensuite pleuré.

Il était blanc maintenant, pâle de rage.

« Que savez-vous de ma conduite envers ma sœur ? Il n'y a personne que je respecte autant.

"Eh bien, vous avez la manière la plus étrange de le montrer que j'aie jamais connue", et Grace fit un geste d'étonnement provocateur et éclata de rire.

Cela épuisa complètement la très faible réserve de patience de M. Sandford. Il entra dans une colère des plus effrayantes et dit des choses qui firent frissonner Grace. Pâle à son tour, elle quitta la chambre et quitta la maison une seconde fois avec colère.

Elle partit sans ses affaires, s'enveloppant dans son manteau, et résolut d'aller chez sa sœur, et de ne pas faire signe. Elle était tout à fait sûre que M. Drayton la recevrait de toute façon pendant un certain temps, et elle devait prendre de nouveaux arrangements. Elle ne reviendrait jamais ici.

Mme Dorriman entendit la voix forte, et aussitôt qu'elle eut retrouvé son calme, elle se précipita sur les lieux de l'action, pour trouver M. Sandford malade, comme il l'était toujours lorsque la passion prenait le dessus sur lui.

Dans son inquiétude à son sujet, Grace fut oubliée, et ce n'est qu'à l'heure du dîner que son départ fut découvert, et la pauvre Mme Dorriman eut l'impression que les ennuis étaient effectivement son lot.

M. Sandford ne s'est pas rallié comme il le faisait habituellement, et elle, sous sa propre responsabilité, a fait venir le médecin.

Il est venu et a administré des remèdes. Puis il lui dit en privé que son frère avait un mal grave, et que l'agitation lui serait un jour fatale.

"Vous devez le faire taire; il ne faut vraiment pas qu'il soit inquiet ou dérangé par quoi que ce soit", dit le médecin, sans méchanceté, mais professionnellement anxieux et déterminé à insister pour que son patient ait la seule chance de vivre.

"Si je peux le faire taire !" commença la pauvre Mme Dorriman, "mais rien de ce que je peux faire n'est d'aucune utilité. Oh ! en effet, ce n'est pas ma faute."

"Bien sûr, je ne veux pas dire que c'est le cas", répondit-il précipitamment, "mais je vous donne simplement un avertissement. Cette attaque a été provoquée par une émotion violente, et sa répétition, *toute* excitation mentale, mettra fin à cette attaque. à sa vie. »

Mme Dorriman est venue à ses côtés après le départ du médecin, avec tout un monde de remords et de douleur au cœur.

Elle était avec lui depuis plusieurs mois maintenant et, même si elle n'avait jamais vraiment oublié les soupçons tacites, ils étaient restés dans un coin reculé de sa mémoire. Alors qu'elle le regardait et remarquait le visage soucieux et l'air de lutte que son attaque lui avait laissé, elle eut le sentiment d'avoir été traîtresse envers lui. Qu'importe vraiment ? À supposer que ces papiers contiennent des preuves contre lui, serait-il utile de le confronter à ces documents ?

Elle était consciente de deux choses : que toute son attitude d'esprit avait changé à son égard, et qu'elle avait également changé à l'égard de son mari.

Les diverses scènes qu'elle avait vécues à Renton avaient eu pour effet de tourner ses pensées avec reconnaissance vers l'affection et la paix qu'elle avait eues avec son mari.

Elle commença à penser à lui avec plus de tendresse et à entrevoir d'autres conclusions possibles que celles auxquelles elle était parvenue.

Cette tendresse éveillée, qui ne pouvait plus le consoler maintenant, lui faisait sentir que, si elle lisait ces journaux, elle ne verrait rien contre son mari, et cette conviction lui enlevait un lourd fardeau. Puis vint l'autre partie du problème : si son mari avait été irréprochable, quel était son frère ?

Toutes les longues années de négligence à l'école, toute la dureté avec laquelle il l'avait traitée les années précédentes, semblaient s'être estompées maintenant, elle s'était tellement adoucie avec lui, et maintenant, alors qu'il se remettait lentement, elle le reconnaissait.

C'est justement au moment où elle avait reconnu en lui son premier devoir que le télégramme la suppliant d'aller immédiatement auprès de Grace lui fut remis entre les mains.

Elle était bouleversée au-delà de toute mesure, mais elle ne pouvait pas le faire, elle ne pouvait plus l'agiter ou l'ennuyer maintenant. Elle ne *pouvait* pas le quitter.

Il lui était en effet difficile de renvoyer Jean d'elle, mais elle n'avait aucune confiance en une autre aide, et elle éprouvait le plus fort sentiment d'un devoir négligé si elle renonçait maintenant à aider la jeune fille rebelle.

Jean y est allé à contrecœur. Elle n'était jamais sortie d'Écosse et considérait Londres comme un gouffre d'iniquité. Elle avait quelques appréhensions quant à son voyage, et elle partit avec l'idée bien ancrée dans sa tête qu'elle devait toujours se méfier des pickpockets plausibles, des cochers extorqués et des courtoisies qui pourraient finir par aboutir à un vol.

Elle a épinglé l'adresse de Grace dans sa robe, y a caché son sac à main et a été mise dans le train par Robert, qui a confié sa garde au gardien, à sa grande indignation, "comme si j'étais un petit colis", a-t-elle dit à se.

Elle était dans une voiture de seconde classe et a connu quelques aventures ; elle était si « à l'écart » des deux ou trois étrangers qui entraient ou sortaient qu'ils la considéraient comme une vieille femme des plus désagréables, mais Jean n'était que sur ses gardes.

Lorsqu'ils changèrent de voiture et que Jean fut de nouveau assis, une jeune femme passa et repassa et finit par monter dans la voiture et s'asseoir en face d'elle. Elle était très blonde et avait une jolie couleur rose sur les joues. Elle s'agita beaucoup, se leva, secoua sa robe et dit finalement, avec un accent de consternation :

"Oh, que dois-je faire ? J'ai perdu mon billet et je n'ai pas d'argent sur moi !"

Jean, qui était seul dans la voiture, la regardait attentivement mais ne disait pas un mot.

La jeune femme s'est mise à pleurer.

"Aide-moi!" dit-elle; "Aidez-moi ! Je suis seul et sans amis !"

Jean ne disait toujours rien ; elle remarqua qu'au moment où ils s'arrêtaient à une gare, ses sanglots s'apaisèrent et qu'elle se recula dans un coin pour éviter d'être observée. Cela éveilla ses soupçons, et quand ils recommencèrent, la personne, jusque-là si désespérée, commença à devenir un peu impertinente.

"Je me demande si les gens paient au poids dans ce train ?" » dit-elle d'un ton léger, déterminée à ouvrir les lèvres silencieuses de la silhouette grosse et très enveloppée devant elle.

Cette raillerie sur sa taille réveilla Jean.

"Si vous avez *payé* votre billet, vous le savez probablement", a-t-elle déclaré dans son meilleur anglais et extrêmement indignée.

Cette réponse éteignit complètement toute envie de conversation de la part de sa voisine d'en face, mais elle s'agitait toujours, essayant d'abord un siège, puis un autre, et, s'asseyant à côté de Jean, elle tâtonnait et se pressait contre elle, se rendant tout à fait très répréhensible. .

Le voyage touchait à sa fin ; le contrôleur s'est présenté à la porte et Jean a mis la main dans sa poche - son sac à main était en sécurité, heureusement, sous sa robe - le ticket avait disparu ! À sa grande surprise, la jeune femme en sortit immédiatement un.

Jean cherchait en vain, son billet était introuvable et son désarroi était grand. Elle avait l'impression confuse qu'elle enfreignait d'une manière ou d'une autre la loi et, même si en apparence elle restait calme, elle était en réalité dans un état des plus craintifs et elle ne savait que faire.

Heureusement, le gardien est venu voir de quoi il s'agissait et était accompagné d'un policier.

"Quel était le problème?" Il a demandé.

Avant que Jean n'ait pu répondre, le policier tendit la main et toucha la jeune femme qui tentait vainement de sortir. Elle pâlit : à travers ce que Jean voyait maintenant, c'était de la peinture.

" Vous êtes recherchée " et, se tournant vers Jean, dit-il, " vous a-t-elle pris quelque chose, madame ? "

En regardant le ticket, le gardien a ri et a répondu :

"Elle a pris votre billet, vieille dame. ' *De Renton à Londres.* ' Elle est arrivée il y a seulement une heure."

Pauvre Jean ! Toute sa vie, elle croira désormais aux policiers. En effet, lorsqu'elle se rendit de St. Pancras à la gare de Wandsworth, elle refusa de payer son taxi jusqu'à ce que le policier qui se tenait à proximité lui dise quel était le prix, amusant non seulement les passants par son attitude déterminée et le regard suspicieux qu'elle lançait au chauffeur de taxi. .

Lorsqu'elle arriva chez Grace, sa fatigue, ses aventures, tout céda la place à la compassion. Car Grace était très malade et avait besoin de bons soins et de bons soins, et, aux yeux de la pauvre Jean, le logement et tout ce qui y appartenait n'était digne d'aucun chrétien, et certainement pas d'une Écossaise.

Elle s'étonnait beaucoup que Margaret ne s'approche jamais de sa sœur et se décida à aller la chercher : Mme Darriman l'avait chargée d'être la mère des deux enfants, et elle avait bien l'intention de tenir sa promesse.

Entre-temps, le petit poème de Margaret avait été publié et elle avait reçu trois souverains d'or pour son œuvre. Elle connaissait si peu la valeur de l'œuvre littéraire qu'elle n'en était pas du tout surprise ; elle éprouvait seulement la plus profonde reconnaissance de pouvoir, si elle avait un don, pouvoir en faire profiter sa sœur bien-aimée.

Son poème était très touchant, plein des défauts d'une personne dont l'éducation n'avait jamais été approfondie, mais lorsqu'elle le vit imprimé, elle remarqua quelques modifications qu'elle considérait comme des améliorations, et prit pour acquis que ces modifications étaient faites naturellement par l'éditeur. C'était évidemment l'utilité d'avoir un éditeur. Elle a ensuite commencé à calculer combien de poèmes elle pourrait écrire en une semaine. Disons qu'elle en a écrit quatre. Pourquoi il y avait à la fois douze guinées par semaine ; un gagne-pain, un revenu important ! Pourquoi, oh pourquoi, n'y avait-elle pas pensé avant ?

Les impressions de son esprit se transformaient naturellement en rimes. Il y avait une grande beauté de pensée, malgré une grande uniformité dans sa présentation sur papier. Sa lecture avec Mme Dorriman n'avait pas été gâchée et elle commençait à pouvoir concentrer ses pensées sur son travail. Le bonheur de sa vie qui lui avait manqué, mettait tout en ton mineur, mais cela rendait ses poèmes plus beaux. Pour toucher les sentiments des autres, pour faire appel à leur cœur, il doit y avoir une réalité, et la réalité ne peut exister qu'à partir d'une expérience personnelle.

Parfois, l'extraordinaire morosité de sa vie l'effrayait. Se lever jour après jour, sachant qu'une crainte secrète d'une éventuelle tragédie, qui se déroulait dans sa maison, la poursuivait ; de ne voir personne, de n'aller nulle part, puisqu'elle n'avait pas le droit de franchir le seuil. Elle ne se doutait pas que ces faits, racontés à qui que ce soit, lui auraient immédiatement apporté sa libération, et que quiconque, connaissant sa vie, aurait tiré une conclusion plus juste de l'état dans lequel se trouvait son mari.

Mais la peur de devoir partir et de se séparer de son enfant ne lui faisait rien du reste, et lorsqu'elle rencontra son mari, il ne lui parla presque pas. Elle ne le voyait jamais sans la présence de son serviteur, et elle ne supportait pas de faire appel à son mari devant lui. Elle ne supportait pas de discuter de la maladie de sa sœur devant lui.

Chaque fois qu'elle en avait l'occasion, elle essayait d'obtenir la clé de la porte d'entrée ou la permission de sortir, mais à chaque fois elle était accueillie par des éclats de rire, des rires *insensés* et un refus.

La dernière idée de son mari était la jalousie la plus frénétique du médecin, qui avait été un peu conquis par la jeunesse, la grâce et le charme des manières de Mme Drayton.

Avant lui, M. Drayton était toujours parfaitement calme, et même bien élevé, un peu maussade, ce qui était, pensait le médecin, naturel puisqu'il devait ressentir la privation de tout stimulant ; mais il était convaincu, d'après ses observations, qu'il en était réellement tenu à l'écart, et ne voyait rien qui pût orienter les soupçons dans une autre direction.

Il regrettait de ne jamais avoir vu la jeune épouse maintenant et exprima ses regrets à M. Drayton.

Il fut surpris de voir une rougeur de colère monter sur son visage, mais conclut qu'il y avait peut-être eu une différence conjugale et qu'elle n'avait pas choisi de comparaître.

Lorsque Margaret avait réussi pour la première fois à envoyer son petit poème au bon M. Skidd, le rédacteur en chef du « Industrious Workman », elle l'avait fait par l'intermédiaire de sa nourrice, qui s'était chaleureusement attachée à sa maîtresse. Elle était assez jeune, c'était sa première place, et elle en arriva à la conclusion que si telle était la vie des riches, les pauvres avaient bien plus de plaisirs.

Margaret lui a lu son poème, qu'elle n'a compris que vaguement, et elle lui a également lu la note qu'elle avait écrite à l'éditeur.

Elle ne le connaissait pas, sauf qu'au début le médecin lui avait dit qu'elle pouvait s'y procurer des livres ; lorsqu'elle le lui avait demandé, il avait également fait l'éloge de lui comme d'un homme cultivé et intellectuel, qui avait beaucoup fait pour diffuser des livres sains. littérature bon marché et qu'il éditait un hebdomadaire de grande valeur.

Son idée, maintenant, était d'écrire quelque chose de plus long et de plus important. Elle avait deux grandes motivations pour écrire : elle avait ce quelque chose à dire, sans lequel toute écriture est si plate ; et elle souhaitait obtenir de l'argent pour sa sœur.

M. Skidd a reçu sa proposition d'écrire un livre de poésie avec un certain amusement.

Le gentleman inconnu qui publiait ses petits poèmes à ses frais, après leur parution dans le journal, et qui recevait pour elle les quelques shillings que M. Skidd estimait qu'ils valent, ne pourrait pas étendre sa générosité jusqu'à se lancer dans une entreprise plus vaste. livre, mais il verrait. Il parla donc assez vaguement à la jeune femme venue comme messagère, si vaguement que Margaret crut qu'elle *devait* essayer, d'une manière ou d'une autre, d'avoir elle-même une entrevue avec cet homme.

Mais comment y parvenir ? Certes, il y avait une porte dérobée, mais elle ne supportait pas de sortir avec la connivence de la servante, qui était cuisinière et qui était toujours une femme désagréable. Mais la fortune lui sourit en quelques jours. Un après-midi, elle se promenait dans le jardin avec sa nourrice et son bébé lorsque quelqu'un s'est présenté à la porte d'entrée avec un message, ce qui a poussé le domestique grincheux à entrer dans la maison pendant quelques secondes. Aussi vite que prévu, Margaret s'échappa de sa prison et se précipita sur la route.

Elle était étourdie par l'excitation et le sentiment de liberté de voir Grace et de s'arranger pour son livre.

Son visage brillait alors qu'elle avançait. Elle doit d'abord voir Grace, puis se dépêcher de vaquer à ses affaires.

Lorsqu'elle arriva au logement de Grace, elle fut accueillie par un visage familier et gentil ; et Jean, oubliant tout sauf qu'elle avait une vie dure, la prit dans ses bras comme si elle eût été son propre enfant.

Les larmes de Margaret n'étaient jamais très apparentes, mais elle avait vécu une vie si contre nature et si réprimée, elle avait été si totalement sans gentillesse ni sympathie pendant si longtemps, qu'elle s'effondrait maintenant et sanglotait sur la bonne et honnête épaule de Jean. , sensible seulement à la douceur et au confort du relief.

"Mon pauvre enfant, mon pauvre enfant !" Jean répétait, puis, se rappelant qu'elle ne devait pas la laisser céder, elle dit : "Mais vous ne serez pas apte à voir Miss Grace, et vous n'êtes qu'un objet flou", et cette réflexion arrêta aussi la réflexion de Margaret. larmes et l'a amenée à relever la tête et à essayer de se ressaisir.

"Comment va ma sœur ? Comment va Grace, chère Jean ?"

" Elle n'est pas juste faite pour danser le houlachan, " dit gaiement Jean, qui avait sa manière particulière de prononcer la plupart des mots, " mais elle n'est pas si mauvaise. Eh, ma chérie, viens la voir ; elle est fatiguée pour toi, monsieur, monsieur.

Margaret monta à l'étage et, un instant plus tard, les sœurs étaient de nouveau ensemble.

Grace était allongée sur le canapé et Margaret la trouva plus belle que ce à quoi elle s'attendait. C'était une édition adoucie de l'ancienne Grâce, encore capricieuse, mais pleine de tendresse pour sa sœur, dont elle avait si complètement gâté la vie.

"Pourquoi, chérie, tu n'es jamais venue ici auparavant ?" elle a demandé; "Je vous ai envoyé tellement de notes et j'ai eu si peu de réponses. Vous ne me parlez jamais de vous; vous ne me dites jamais ce que je veux savoir."

" J'ai si peu à dire sur moi. Mon mari est malade, et depuis sa maladie, il ne supporte pas que je sorte, et je suis venue aujourd'hui parce que je pouvais m'éclipser. "

"Mais dis-moi une chose, chérie, une seule. Pourquoi rester avec lui ? Pourquoi ne pas le quitter ?"

"À cause de bébé ; je ne peux pas abandonner mon petit, Grace : et si je le quittais simplement parce qu'il est méchant, qu'il ne me laisse aucune liberté et qu'il est "étrange", c'est lui qui aurait le droit de garder bébé, pas moi, sa mère. "

"Alors si telle est la loi, c'est abominable !" s'exclama Grâce.

"Je pense que c'est *terrible* ", a déclaré Margaret; "Même s'il était cruel, s'il me frappait, s'il était infâme d'une autre manière, je pourrais le quitter ; je serais libre ; mais même alors, il est douteux que je puisse avoir mon enfant."

"Et nous nous vantons de la justice anglaise !" s'exclama Grace.

"C'est cruellement injuste", a déclaré Margaret. "Oh chérie, combien de fois nous nous sommes moqués des femmes qui revendiquent leurs "droits" et nous sommes moqués de celles qui faisaient sensation en faveur du droit de vote : mais cette seule chose, cette terrible injustice, me fait penser que les femmes devraient, d'une manière ou d'une autre, , pouvoir faire sentir leurs grands besoins ; sûrement une mère devrait avoir les mêmes droits que le père et avoir son mot à dire dans le destin d'un enfant !

"Et nous devons nous soumettre, et moi, *je* vous ai mis dans cette position !" et Grace fondit en larmes.

Jean se précipita dans la pièce.

"Bairns, mes chers enfants, whist, pour le bien de tous. Vous me ferez sentir que j'ai eu tort de vous laisser ensemble."

« Nous parlions d'une loi injuste », dit Margaret ; "nous parlions de mon enfant, Jean, et que *si* jamais je quittais mon mari, c'est lui qui l'aurait probablement, et pas moi."

"C'est un homme qui a fait cette loi", dit Jean, "et elle est vraiment cruelle et non chrétienne. Je n'ai jamais eu d'opinion sur les hommes, ce ne sont que de pauvres créatures, de pauvres créatures égoïstes - sauf peut-être la police." ", a-t-elle ajouté, avec un sentiment d'ingratitude pour la manière dont un policier l'avait aidée dans ses moments difficiles.

« Parlez-moi de votre bébé, Margaret », dit Grace en se tournant avec un réel intérêt vers sa sœur ; "ça fait plus d'un an maintenant, n'est-ce pas ?"

"Mon petit chéri a un an et presque trois mois, dans cinq jours maintenant il aura quinze mois. Il sait courir et m'appelle si gentiment. Oh, chérie, j'aimerais, j'aimerais qu'il soit avec moi à ce moment-là. moment. Je me sens tellement anxieux si je m'en éloigne ; une seule fois auparavant, depuis sa naissance, j'ai été absent.

"Et est-ce que cet homme te fait taire, chérie ? Veux-tu dire que ces arbres enfumés et cet endroit muré qui ressemble à une prison, c'est tout ce que tu as ? Oh, ta vie n'est qu'une longue épreuve !"

Margaret ne parlait pas ; sa vie était si misérable, si dépourvue d'espoir, qu'elle ne pouvait pas en parler.

"J'ai un bébé", dit-elle doucement, "et, Gracie, ma chérie, quand on est très misérable, Dieu est très proche."

Les sœurs se séparèrent avec toute l'angoisse d'un flou concernant leur prochaine rencontre, qui les remplit toutes les deux du sentiment de n'avoir rien à espérer, et Margaret s'arracha et se précipita en présence de M. Skidd.

Mme Dorriman avait hardiment autorisé Jean à s'adresser à M. Sandford pour toutes les dépenses, de sorte qu'elle ne se souciait plus autant de l'argent.

Mais ce sens moindre de l'exigence ne rendait en rien sa gratitude envers l'éditeur pour sa gentillesse. Sans réelles connaissances pour la guider, elle ne savait pas que tout devait résister à l'épreuve de la critique, et que ce serait une fausse bonté de l'encourager à écrire sans aucun mérite en vue.

Mais M. Skidd avait découvert un véritable mérite dans tout ce que faisait Margaret ; il y avait l'empreinte de la vérité et aucun sentiment fictif. Ce cri était le cri d'une âme humaine affamée, en quête de sympathie et d'exutoire, dans une vie de grande misère et de répression, hantée par une peur sans fin.

Il était tellement étonné lorsque Margaret se tenait devant lui, de sa jeunesse et de la manière gracieuse avec laquelle elle lui exprimait ses remerciements, qu'il resta muet devant elle.

Ensuite, une couleur vive rougit sur sa tête chauve, car il se souvenait qu'il se tenait en manches de chemise.

Il était un homme trop honnête pour accepter ses remerciements pour plus que ce qu'il avait fait, et il la rendit considérablement intriguée par son allusion à la grande appréciation d'un gentleman de Londres.

"Mais vous avez publié mon petit poème", a-t-elle demandé, pas du tout perplexe face à ses déclarations.

"Bien sûr, madame ! Au début, je l'ai fait, mais ce monsieur, un gentleman littéraire, est venu par hasard le jour même où je lisais votre premier poème, et il l'a aimé, et il l'a sorti ensuite et s'est chargé de la bagatelle. Je vous l'ai envoyé chercher ; j'espère que tout s'est bien passé et que vous l'avez reçu. Je détiens son reçu et j'ai cru qu'il était autorisé par vous.

"Oh, merci ! Oui. J'ai bien reçu l'argent", dit Margaret, très perplexe et se demandant qui cela pouvait être.

Elle découvrit également que M. Skidd ne pouvait rien promettre sur son poème sous forme agrandie avant de l'avoir vu, et eut le temps de consulter cet ami mystérieux qui, d'après son récit, appréciait tant ses courts poèmes.

C'était agréable de penser qu'elle pourrait avoir un public plus large et commander un public qui pourrait être tout aussi reconnaissant. M. Skidd commença à discuter de sa poésie avec elle et lui donna de nombreux conseils utiles.

" Le défaut de votre poésie, Madame, c'est qu'elle manque de variété. Les gens se lassent des chagrins perpétuels et de tout ce genre de choses. Vous écrivez très joliment. Donnez-nous quelque chose de gai, faites gazouiller les oiseaux et le soleil, cultivez la luminosité, les gens n'aiment pas être toujours en deuil. »

"Mais si je ne suis pas heureuse, je ne peux pas écrire ce que je ne ressens pas", objecta Margaret.

"Oh, oui, tu peux ; tu comprends le truc et tu le feras facilement."

Margaret savait que c'était impossible, mais avant qu'elle ait eu le temps de répéter sa négative, un visage bien connu se présenta devant elle, et Sir Albert Gerald, rempli de bonheur de la rencontrer de manière si inattendue, se présenta avec une main tendue. M. Skidd était extrêmement ennuyé.

« Et vous faites semblant de ne pas savoir qui achète votre poème, s'écria-t-il ; "J'appelle cela de la charia - et vous," dit-il brusquement en se tournant vers Sir Albert, "pourquoi ne pourriez-vous pas en parler ouvertement ?"

"Mais avez *-vous* acheté mes poèmes ? Êtes-vous l'homme de lettres dont j'ai reçu tant d'encouragement ?" et Margaret, mortifiée et déçue, se tourna pour s'en aller.

En tout cas, *elle* ne savait rien, et M. Skidd avait honte du soupçon momentané qui l'avait envahi.

"Non, cette dame agissait sur la place ; quant à l'homme..."

Le petit homme sentit en les regardant que tout un drame se jouait sous ses yeux, l'air était plein de quelque chose de secret en rapport avec ces deux-là.

Sir Albert, déférent et respectueux, était évidemment tout à fait absorbé par la grande et gracieuse silhouette devant lui, qui se tenait froide et apparemment déterminée à ne montrer aucune satisfaction en sa présence.

M. Skidd était un bon juge de caractère.

"Je serai assuré qu'il n'y a aucun mal en *elle* ", dit-il, et ainsi disant, ils les laissèrent à eux-mêmes.

CHAPITRE VIII.

« Vous croyez, n'est-ce pas, que ma présence ici est un accident ? » dit poliment Sir Albert. "J'ai été intéressé par vos écrits et je suis heureux qu'ils aient été appréciés."

Elle leva la tête et lui dit précipitamment : « Tu es gentil – tu veux être gentil – mais tu n'as aucune idée à quel point c'est un coup amer, amer pour moi – et quelle terrible déception !

"Vous comprenez tout mal", dit-il, dépassant presque son pouvoir de contrôle lorsqu'il remarqua à quel point sa floraison s'était fanée et à quel point les traces d'anxiété sur son visage montraient ce qu'était sa vie. " Il est vrai que j'ai géré la publication pour vous, mais je vous assure que vos poèmes ont reçu les plus grands éloges, et cela, même si je les ai fait paraître pour vous (cela semble si peu de chose à faire pour vous) , Je viens de recevoir une lettre du rédacteur en chef d'un des magazines les plus prestigieux pour vous montrer que votre nom lui est inconnu - il traite simplement vos poèmes comme venant d'un étranger - vous lui êtes complètement inconnu. tu l'as lu ?"

Il le tendit vers elle. Tout en critiquant un ou deux vers, en s'opposant à un mot ici et là, il reconnaissait en termes chaleureux la beauté de l'imagerie, le flux de la pensée, la pureté des lignes qui lui étaient envoyées, et considérait que cela indiquait une puissance inhabituelle, et que le l'auteur devrait être encouragé à essayer un vol plus long.

Pauvre Marguerite ! Le présent et toutes les épreuves de sa vie étaient oubliés ; la douceur de cet éloge venant à un moment où son cœur était affamé et où toute son imagination brillante et rayonnante était enfermée dans les murs mornes de sa maison la plus malheureuse, était presque accablante. Elle tendit les deux mains vers l'homme qui s'était révélé un si véritable ami - ses joues rougirent et des larmes de gratitude pétillèrent dans ses yeux.

C'était la plus grande épreuve pour le pauvre Sir Albert que de ne pas pouvoir lui dire qu'il ne pouvait supporter sa gratitude. Il la regardait, comme quelqu'un envoûté, joignant ses mains jusqu'à ce qu'elle les retire, avec une lutte dans son cœur qui le dépassait presque.

Puis elle se tourna pour partir, et ses derniers mots furent à la fois une douleur et une récompense.

"Je te ferai toujours confiance", dit-elle avec sérieux, "tu seras ma critique et mon juge; si j'écris des bêtises, tu seras un véritable ami et tu le diras. Je te suis si reconnaissante! Désormais, je me sentirai j'ai en effet un frère.

Il marmonna quelque chose, se sentant malheureux et effrayé à l'idée qu'elle le voie, et il la regarda partir, sachant que sa vie n'était égayée que par l'espoir de se lier d'amitié avec elle – reconnaissant qu'elle ait eu ce grand cadeau pour la sauver du désespoir, et pourtant pleinement consciente que, pour autant qu'il le concernait, son inconscience totale de son amour continu était une douleur supplémentaire pour lui.

Puis il entra dans un ou deux détails d'affaires avec M. Skidd ; ravi ce petit homme en corroborant sa haute opinion des petits poèmes en lui montrant la lettre qu'il avait - et partit pour Londres, déprimé et malheureux. Il n'avait rien gagné à cet entretien accidentel, sinon la conviction qu'elle avait si complètement oublié son amour, qu'elle lui offrait le lien fraternel aussi entièrement satisfaisant qu'à elle. Et pourtant, au fond de son cœur, il savait que cette attitude à son égard était la seule possible pour une personne comme elle si elle lui permettait de l'aider et d'être son ami.

Mme Dorriman, qui manquait constamment à Jean, était dans une certaine mesure consolé par la gentillesse bourrue de son frère envers elle.

Elle était tellement habituée à ses manières qu'elle ressentait de la gentillesse et n'en voulait pas à sa rudesse.

Elle était plus heureuse depuis qu'elle avait vu Jean, dont la lettre, détaillant fidèlement ses aventures, était très amusante. Mais elle se demandait quelle serait la fin de tout cela ?

Grace, qui devait avoir un foyer installé, et la pauvre Margaret, qui semblait si complètement prisonnière et incapable d'aller s'occuper de sa sœur, étaient toutes deux des problèmes embarrassants.

Mais au fur et à mesure que la vie avance, nous apprenons à ne pas trop nous soucier des choses, nous sentons qu'une Main nous guide et nous garde, et arrange toutes choses - et Mme Darriman, en repensant à sa vie, apprenait chaque jour cette leçon plus profonde. .

Elle était surprise de recevoir maintenant à Renton Place bon nombre de visites, chose à laquelle elle n'était pas habituée jusqu'alors.

Les quelques voisins des environs, vivant à proximité, avaient à peine réalisé que Mme Dorriman était venue à Renton pour y vivre. Lorsqu'elle se rendit pour la première fois à Renton, avec toute la bonté de cœur des voisins et le désir réel de faire connaissance avec une personne dont tout le monde parlait bien, il y avait chez certains une curiosité excusable.

Un homme réputé millionnaire et qui avait un attachement romantique pour sa première femme pourrait également faire un bon mari avec une seconde épouse. Puis aussi la question des filles qui devaient vivre avec lui et qui ne vivaient pas avec lui. Le mariage de Margaret avec un homme « assez vieux pour être son grand-père », et un certain petit mystère quant à l'endroit où tout cela avait été inventé, donnèrent cet intérêt pour les activités de Renton Place qui se transforma en activité sous forme de visites.

La première personne qui sentit qu'elle devait lui rendre visite fut Mme Wymans, qui avait l'excuse de présenter des excuses pour avoir géré les affaires domestiques de M. Sandford, avec une certaine liberté, devant Mme Dorriman.

La plupart des gens auraient pensé que les excuses auraient pu être présentées auparavant, ou qu'elles pourraient être laissées de côté maintenant ; mais ce conditionnel dans lequel ses amis présentaient l'affaire a été accueilli par Mme Wymans avec des raisons plausibles. Certes, elle avait toujours pensé à y aller, mais jusqu'à présent, quelqu'un savait-il que Mme Dorriman était autre chose qu'une visiteuse ? Si elle avait su qu'elle devait réellement y résider... Bien sûr, il serait très impoli de ne pas appeler.

Mme Dorriman n'était pas du tout encline à mépriser le rameau d'olivier offert. Elle n'avait aucun dégoût pour les connaissances et était si évidemment heureuse de voir que les gens avaient l'intention d'être gentils avec elle que l'infection s'est propagée. D'appréciée, elle est devenue extrêmement populaire ; une personne qui n'est jamais assez sûre de ses faits pour contredire qui que ce soit est toujours approuvée ; et après avoir été qualifiée de pauvre Mme Dorriman pendant de nombreux mois, on la qualifiait maintenant de chère Mme Dorriman, étant une de ces femmes qui, pour une raison inexplicable, n'est jamais mentionnée sans un adjectif.

Les visites étaient faites et rendues — le seul inconvénient étant que M. Sandford n'avait encore jamais été vu par personne — bien que Mme Wymans, qui se faisait toujours passer pour avoir fait ou vu un peu plus que ses voisins, avouait avoir vu l'arrière-plan. de sa tête à une occasion, ce qui, si cela est vrai, prouvait certainement qu'il était capable d'être à deux endroits à la fois.

A vrai dire, le *rapprochement* entre le frère et la sœur n'a pas apporté une entière satisfaction à M. Sandford.

Si la conscience de Mme Dorriman était si sensible qu'elle se sentait comme une traîtresse envers son frère, à cause de certains papiers qu'elle connaissait et dont le contenu pourrait *éventuellement* trahir quelque chose contre lui, sa conscience, bien que peu sensible, avait un poids bien plus lourd. sur lui, même si cela ne le pressait pas continuellement.

Il était impossible de vivre avec une femme si douce, si douce et si altruiste, sans apprendre à l'aimer, mais cette sympathie produisait un malaise très aigu ; et parfois, ses manières brusques étaient plus un masque pour ses sentiments inconfortables que pour toute autre raison.

Il était de nouveau debout, même s'il sentait qu'il n'avait plus tout à fait son ancienne clarté de perception, il se fatiguait plus facilement et il était toujours reconnaissant de rentrer à la maison.

Cette maison lui était en effet changée maintenant. La gaieté et la sérénité, l'humeur égale de Mme Dorriman lui donnaient hâte de rentrer chez lui, où ses souhaits les plus insignifiants seraient exaucés, et où il aurait la *certitude* d'être accueilli de la même manière tranquille, de n'avoir aucune fluctuation dans les manières. , ce qui donne le vrai sentiment de maison.

Mme Dorriman n'était pas parfaite, c'était une femme qui ne possédait pas de grands dons, et elle était par nature timide et peu apte à se forger une opinion sur des sujets autres que ceux d'intérêt domestique ; mais elle comprenait qu'un homme fatigué et inquiet des affaires extérieures à sa maison avait besoin de repos et de rafraîchissement, et elle savait comment leur donner les deux.

La tristesse qui régnait autrefois avait disparu depuis longtemps. Tout à l'intérieur de la maison était clair, lumineux et joyeux pour lui maintenant, et chaque jour le renvoyait chez lui avec cette reconnaissance plus profonde dans son cœur, et plus de remords à cause de certains de ses actes qui ne pouvaient désormais plus être défaits.

Mme Wymans, lors de sa comparution à Renton, avait répété ses excuses, puis avait constaté qu'il fallait les présenter différemment.

L'extrême calme des manières de Mme Dorriman était un frein sur lequel elle n'avait guère compté. Lors de cette rencontre dans le wagon, la pauvre petite dame avait été troublée et nerveuse, ses manières étaient agitées ; et Mme Wymans, qui était une observatrice avisée, comprit qu'elle avait arrêté la conversation sur son frère par sentiment de droit, et qu'elle n'en ressentait évidemment pas de ressentiment fraternelle.

Elle en tira plusieurs conclusions, dont toutes devaient désormais être mises de côté.

« Votre frère, à ce qu'on m'a dit, a été si malade que nous n'avons pas aimé intervenir, et avant que… vous soyez parti… » dit-elle, ce qui n'était pas du tout ce qu'elle avait voulu dire.

"Oui", a déclaré Mme Dorriman, "nous sommes partis, et si vous aviez eu la gentillesse de m'appeler avant cela, je n'aurais pas pu vous voir, mon frère a été très malade."

"Et tu n'as pas d'infirmière ?" » dit Mme Wymans, trahissant sa connaissance de l'économie interne du ménage. "Vous devez trouver les soins infirmiers très pénibles et très fatigants. Je connais une excellente femme qui pourrait venir à tout moment."

"Merci, mais je suis heureux de dire que la fatigue, comme la maladie, appartient au passé. Mon frère va de nouveau très bien et vaque à ses occupations habituelles."

"Bien sûr, il aime son entreprise, il a tellement de succès ; c'est dans le procès que le travail acharné ne réussit pas", et Mme Wymans parla avec émotion.

"Je pense que mon frère rencontre un certain succès et probablement aussi quelques épreuves, mais ce ne sont que des mots aussi ; nous ne parlons jamais d'affaires ensemble, et je ne sais rien des siens."

"Vraiment ! Pardonnez-moi, chère Mme Dorriman, mais alors où est la sympathie ? Et une femme a des yeux si perçants. Je ne me repose jamais avant de savoir tout ce qui se passe - c'est ma façon de montrer de la sympathie."

"Mais cela doit fatiguer votre mari, n'est-ce pas ? Une femme ne peut voir qu'un seul côté, et alors elle ne peut pas donner de conseils. Ses conseils ne peuvent pas être utiles."

"Ce n'est qu'une idée de vous", dit Mme Wymans, un peu agacée, "et pourquoi une femme ne devrait-elle connaître qu'un seul côté d'une chose ?"

"Parce qu'elle n'entend que l'opinion de son mari ; bien sûr, ses affaires privées ne peuvent pas être discutées avec une autre personne, donc l'opinion de sa femme doit être un peu unilatérale."

"Oh non, les miens ne le sont pas. J'entends une chose et je vois plusieurs côtés à la fois."

"Peut-être êtes-vous plus intelligent que moi", dit Mme Dorriman en toute humilité, heureuse que de toute façon la question des filles Rivers ne se soit pas posée.

Mme Wymans la regardait attentivement, désireuse de savoir si elle parlait de manière satirique ou non. Un peu rassurée sur ce point par le visage placide de Mme Dorriman, elle s'approcha un peu d'elle et lui dit confidentiellement :

"Quelle triste situation dans la position de Mme Drayton !"

"De quelle manière ?" Mme Dorriman reçut un choc terrible en abordant ce sujet soudainement.

"Eh bien, son mari est pauvre au lieu d'être riche, et d'autres choses encore."

"Est-ce que ça te dérangerait de me dire quoi d'autre ?" et Mme Dorriman était à la fois alarmée et ennuyée.

"Eh bien, si vous ne savez rien,... mais si ce n'est pas vrai, je ferais mieux de ne pas le répéter."

"Vous devez vraiment me dire ce que vous voulez dire", et Mme Dorriman, la plus douce des femmes, avait pour ainsi dire toutes ses plumes ébouriffées.

"Les gens disent qu'il boit", répondit Mme Wymans, avec ce soudain doute quant à la sagesse de ses paroles qui lui faisait souhaiter qu'ils ne soient pas prononcés dès qu'ils passaient devant ses lèvres.

"Ce n'est pas le cas, j'en suis sûre", répondit Mme Darriman; elle était tout à fait convaincue que s'il y avait eu quelque vérité à ce sujet, elle aurait entendu que cela lui était reproché alors que son frère avait été si irrité contre elle et avait dit beaucoup de choses amères.

"Je suis très heureuse de l'entendre", et Mme Wymans perdit son sentiment de malaise, car ce n'était pas vrai.

"C'était un mariage curieux à faire pour une jeune fille", remarqua-t-elle brusquement, car elle trouvait le silence de Mme Darriman un peu oppressant.

"Je pense que oui ; mais, bien que mon frère leur ait offert un foyer, il n'avait, bien sûr, aucune autorité réelle sur eux."

" Ah, " dit Mme Wymans, enchantée d'avoir touché au fond du problème, " les gens étaient plutôt perplexes de voir qu'il s'en était tant occupé ; pourriez-vous vraiment me dire, chère Mme Dorriman, comment tout cela s'est produit. était ? Quel était le véritable lien d'union ?

"Pourquoi devrais-je te dire une chose si simple ?" et le visage amusé de Mme Dorriman fut un petit choc pour son visiteur ; "Ce sont les nièces de sa femme : il est leur oncle par alliance, et étant, comme vous le savez probablement, dévoué à la mémoire de sa femme, il était heureux de se lier d'amitié avec elles."

"Et c'est vraiment tout ?" s'exclama Mme Wymans, qui parvenait à peine à se remettre de sa déception. "Pourquoi nous avons tous pensé – tout le monde a pensé – et les gens ont dit autre chose."

« Les gens ont tort », dit Mme Dorriman avec un rire très sincère ; "Je ne peux pas moi-même comprendre l'intérêt porté à ces affaires privées, mais c'est un simple fait. M. Rivers et mon frère ont épousé deux sœurs qui se dévotaient l'une à l'autre. Lorsque Mme Rivers est décédée, elle a recommandé ses enfants à Mme Sandford. , et à sa mort, mon frère a promis de se lier d'amitié avec eux. Cela me semble une chose si simple.

"C'est certainement le cas", et Mme Wymans se leva pour partir et faire ses adieux à Mme Dorriman, qui n'avait conscience que d'un discours terrible ;

était-il vrai que M. Drayton l'avait fait… que… et, si c'était vrai, avaient-ils raison de prendre tout pour acquis et de laisser Margaret à sa merci ? Sans l'interdiction du médecin, elle serait allée directement voir son frère et lui aurait exposé ses nouvelles inquiétudes. Mais elle se souvint qu'il ne devait pas être agité ou excité, et elle resta résolument assise jusqu'à ce que toutes ses propres pensées excitées deviennent plus calmes. Elle se mit au tricot et travailla mécaniquement, tandis que cette nouvelle responsabilité lui donnait l'impression que rien au monde, d'une telle importance, ne lui était jamais arrivé. C'était un mal inconnu pour elle ; autrefois, son père était un homme à la fois sobre et raffiné dans son entourage, et depuis son mariage, bien qu'elle ait vu des récits terribles dans les journaux, elle avait si peu vécu dans aucune ville et avait vu si peu de mal, qu'elle elle considérait que les gens faisaient tout un bruit presque inutile à propos du absoluisme ; elle ne pouvait pas imaginer une chose aussi effrayante que de boire en touchant sa commande, même si elle savait que cela se produisait parmi de pauvres créatures misérables, auxquelles elle pensait rarement sans un frisson de tristesse mêlé de dégoût.

Penser à Margaret, avec tout son grand amour de la pureté et de la paix, exposée à une chose aussi horrible, était pour elle quelque chose d'absolument terrible ; si parfaitement épouvantable qu'elle sursauta, avec l'impression que chaque instant était un tort cruel envers la fille qu'elle avait appris à aimer si tendrement. Elle est allée dans la chambre de son frère ; il était assis, et elle s'assit à côté de lui dans un frémissement d'esprit qui la rendait incohérente.

« Vous avez reçu une visite », commença-t-il avec un rire où il n'y avait pas beaucoup de gaieté.

"Seulement Mme Wymans", répondit-elle avec indifférence.

"Si elle pouvait vous entendre ! C'est une personne d'une grande importance à ses yeux."

"Je me demande pourquoi elle a appelé", dit distraitement sa sœur, doutant de sa capacité à poser la question sans provoquer d'excitation.

"Je vais vous le dire", répondit-il; "Il y a beaucoup de curiosité à propos de Drayton en ce moment ; avant cette attaque, j'étais rendu fou par toutes sortes de questions à son sujet. Il est très stupide de faire un mystère de son adresse ; il n'y a aucune raison qu'il le fasse. ainsi ; il ne répond à aucune lettre, il laisse chacun conjecturer, et dans ce beau monde, si une chose n'est pas bien comprise, la pire interprétation et non la meilleure est celle acceptée.

"Alors tu penses qu'il n'y a aucune raison pour qu'il s'enferme ?"

"Il ne peut y avoir aucune raison. Margaret ne risque pas de lui donner raison de jalousie, et l'homme est en possession de tous ses sens."

"Toujours et à tout moment ?" et Mme Dorriman se pencha en avant, respirant rapidement et observant son visage avec beaucoup d'anxiété.

« Anne, » dit M. Sandford, et ce nom de sa part était un signe particulier de bonté envers elle, « est-ce que quelqu'un vous a dit quelque chose ? Soyez-en sûr, ce ne sont que des ragots.

"C'est peut-être des ragots, j'espère que c'est peut-être faux ; mais pourquoi Margaret, pour ainsi dire, est-elle enfermée ? Elle ne peut pas sortir même pour se promener au-delà du parc ; Jean dit qu'elle n'a pas vu Grace depuis très longtemps. , et il doit y avoir une raison pour laquelle il ne répond jamais à aucune lettre.

"Je n'ai jamais entendu ça auparavant. Que veux-tu dire à propos de Margaret ? Je pense que tu dis de grandes bêtises."

"Jean dit que la pauvre petite ne sort jamais. Au début, elle sortait et il l'accompagnait, il la suivait comme une ombre, maintenant il n'y va plus lui-même, et elle est parfaitement prisonnière. Personne n'a le droit de s'approcher. la maison. Je vous l'assure, mon frère, j'avais très envie que vous vous sentiez bien pour en parler.

"Cet homme doit être fou", s'est exclamé M. Sandford, puis il a remarqué le visage de sa sœur. "Vous avez entendu quelque chose, vous avez quelque chose à dire ?" et son propre visage rougit.

"Frère, ne vous excitez pas. Vous savez que le médecin a peur que vous soyez malade si vous le faites."

"Eh bien, alors, ne faites pas de mystères", dit-il très en colère et avec beaucoup de son ancienne violence.

" Je suis sûre, " dit la pauvre femme, blessée par une telle accusation, " je ne veux pas faire de mystères, mais Mme Wymans m'a dit qu'elle avait entendu dire qu'il buvait. Maintenant, je ne suis pas sûr si elle l'a dit. tout à fait comme ça ou si elle me demandait s'il buvait.

"Pas du tout. S'il le fait, c'est quelque chose de tout à fait nouveau. C'était un homme très sobre. Vous vous souvenez peut-être de ses maux de tête, et dire que le vin augmentait ces maux de tête."

"C'est ce que je fais", s'exclama joyeusement Mme Dorriman; "Comme c'est ennuyeux que j'aie oublié cela quand cette femme était ici. Elle a parlé avec tant de sens", et Mme Darriman, comme d'habitude, se considérait en quelque sorte entièrement responsable.

M. Sandford n'en dit pas plus, mais il resta allongé, réfléchissant. Il se reprochait, à juste titre, d'avoir été la personne qui avait amené cet homme à la maison pour son propre compte – et maintenant…

Il était libre de tout autre reproche ; il avait entendu des rumeurs concernant la famille de M. Drayton qui l'avaient beaucoup troublé, puis *il* avait fait de son mieux pour l'empêcher d'épouser Margaret ; sa conscience avait beaucoup à supporter, mais pas cela – seulement il aurait pu parler plus clairement, il aurait pu lui dire, à elle ou à sa sœur, quelque chose dont il avait eu connaissance. Puis, trop tard, il *s'en rendit compte* .

Il allait mieux, mais ses forces ne revenaient pas rapidement, et les affaires, le poste qu'il avait occupé, tout ce qui concernait le passé, commençaient à perdre de l'importance.

Mais Marguerite ! Il faut faire quelque chose immédiatement à son sujet ; une peur terrible l'envahit à son sujet.

« Une chose qu'il faut faire tout de suite, dit-il à haute voix en suivant ses pensées, il faut écrire sans délai à Jean, lui joindre un chèque et lui dire qu'il est important qu'elle le donne, et des lettres de " Vous, à Margaret, dans sa propre main. Écrivez à Margaret et dites-lui qu'elle doit vous faire connaître la vérité et quelle est sa position — écrivez-vous *immédiatement* , " répéta-t-il, comme si sa sœur, qui était complètement alarmée, en avait besoin. à chaque seconde.

Jean était, dans l'ensemble, plus facile avec Grace, qui avait fait un rebondissement surprenant. Elle pouvait se lever et prendre ses repas ; elle a également pu profiter des visites de nul autre que Paul Lyons.

Margaret étant mariée et hors de sa portée, ce jeune homme avait conçu une grande affection pour sa sœur, qui lui ressemblait maintenant à Lornbay.

"Tu n'es pas Margaret, mais tu me la rappelles", dit-il sentimentalement.

"Nous sommes sœurs. Je pense qu'il y a une ressemblance."

Grace était extrêmement amusée par ses sentiments et par les petits discours qu'il lui faisait. Elle l'avait toujours plutôt apprécié et avait toujours toléré les petites manières qui avaient tant provoqué sa noble sœur.

"Je n'en suis pas sûr personnellement", a-t-il déclaré, "je voulais dire votre voix et vos manières, et quelque chose en général."

"Nous avons le même genre de nez", a ri Grace. "Peu importe, M. Lyons, j'aime que vous soyez loyal envers ma sœur ; je n'ai jamais, *jamais* pu l'approcher, et je le sais !"

"Vous... vous ressemblez davantage à l'année dernière. Parfois, je pense que vous aimez *beaucoup* Margaret", a déclaré M. Lyons d'un ton consolant.

"Merci. Je sais que c'est un très grand compliment de votre part."

« Ne pensez-vous pas, Miss Rivers, que Margaret *aurait pu*, elle aurait pu être plus heureuse avec un type comme moi qu'avec un vieux fou comme Drayton ? C'est ce qui me fait tant de mal, » dit le jeune homme.

"Bien sûr, elle aurait été plus heureuse, mais tout s'est mal passé", et Grace rougit vivement. "J'ai tout envoyé de travers, et, pauvre, pauvre chérie, elle s'est sacrifiée pour me sauver. Oh, M. Lyons ! on ne peut jamais rien dire d'assez mauvais pour que je trouve cela injuste. Je me déteste de plus en plus chaque jour." et, à sa grande consternation, Grace, se moquant habituellement des larmes, les versait maintenant.

"Je déclare que tu ressembles tellement à Margaret que je commence à t'aimer beaucoup", s'est exclamé Paul, "s'il te plaît, ne pleure pas, ça me fait tellement… drôle!" et il avait l'air malheureux aussi.

"Oh, si je pouvais *faire* quelque chose !" s'écria la pauvre Grace, qui était, maintenant elle était plus forte, moins capable de rester passive, et qui était tout à fait malheureuse pour sa sœur.

"Si seulement on pouvait tirer sur ce type !" » dit Paul d'un ton vindicatif.

"Vous voyez, même si je pouvais sortir, ce misérable monte la garde; il ne laissera pas Jean voir ma pauvre Marguerite. Il y avait tout à l'heure une porte dérobée, maintenant elle est fermée."

"Mais pourquoi ne sort-elle pas de la maison ?"

"À cause de son bébé. Elle ne le quittera pas et il ne lui permettra pas de le prendre avec elle, et je ne comprends pas très bien la loi, mais, même si elle le prenait, ils pourraient la forcer à le renvoyer à lui, c'est ce qu'elle dit.

"Grace", dit le jeune Lyons, et il avait l'air d'avoir pris sa décision sur quelque chose, "J'aimerais que tu m'épouses. Je suis tout à fait sérieux", dit-il, devenant très rouge devant son expression d'étonnement; "tu vois, si j'étais *son* frère, je pourrais être utile."

Peut-être jamais une proposition n'a été faite aussi bizarrement, et jamais une proposition aussi offensante n'a été aussi bien accueillie.

"Non, M. Lyons", dit Grace en riant, tandis que les larmes lui montaient aux yeux ; " Vous êtes un garçon cher et bon ; pensez-vous que je consentirais à quelque chose de semblable ? Chassez toutes les absurdités de votre tête et essayez de voir s'il y a quelque chose au monde que nous puissions faire. Vous êtes plus capable, tu es plus fort que moi, pense-le ! »

» pensa Paul Lyons, mais il ne voyait aucun moyen d'aider Margaret à moins qu'elle ne s'aide elle-même.

Ni l'un ni l'autre ne savaient ce qui s'était passé récemment au Limes. Lorsque Margaret, le cœur plein de gratitude pour ce qu'elle avait écrit, une lueur de sentiment profond et quadrillé rendant ses pas plus légers, alors qu'elle rentrait chez elle, avait été retenue à la porte en attendant un moment las.

Quand enfin le domestique arriva, M. Drayton était avec lui, et il était si excité et si violent que l'homme pouvait à peine le contrôler.

" Je suis sûr, madame, qu'il est fou, " dit-il à la jeune fille terrifiée, " et je verrai et j'appellerai le médecin demain ; je ne peux pas le quitter maintenant. "

"Oh, je vous en prie, ne le quittez pas !" » dit Margaret terrifiée ; mais demain, oui, il faut faire quelque chose demain.

Elle avait décidé, en tremblant devant lui, qu'elle partirait et qu'elle emmènerait son enfant ; sûrement, s'il était fou – et elle savait qu'il devait être fou – personne ne lui prendrait son enfant.

Le lendemain, dès que bébé fut réveillé, elle réveilla l'infirmière. Elle avait beaucoup de peine à lui dire ce qu'elle comptait faire ; elle avait l'intention de partir maintenant tout de suite, pendant que, comme elle le pensait, son mari dormait et que la nourrice pourrait le suivre plus tard.

« Il ne voudra pas vous retenir, » dit-elle, « une fois que nous serons en sécurité. »

"Mais qui paiera mon salaire ?" demanda la nourrice, qui ne voyait pas du tout pourquoi elle risquerait ses gains ou resterait à la maison avec un fou, alors que sa charge et sa maîtresse étaient parties.

"Bien sûr, tout ira bien", dit Margaret avec dignité.

"Etes-vous sûre, madame ? parce qu'on dit ici que vous n'aviez pas d'argent, que votre sœur vit très mal et que vous avez épousé votre maître pour son argent."

Le visage de Margaret n'était plus qu'une flamme.

« Vous vous oubliez complètement », dit-elle, puis la piqûre de ces mots la fit détourner. Voilà une vérité – elle s'en était elle-même avouée – présentée de la manière la plus grossière possible ! Avait-elle le droit de lui en vouloir ?

Elle a habillé son bébé et elle-même, a mis quelques articles de première nécessité, puis s'est agenouillée et a demandé de l'aide et des conseils. Ce ne pouvait pas être une erreur d'y aller, car elle était sûre que son mari était fou ; elle doit partir et elle doit emmener son bébé, qui était le sien ; elle était sûre que si elle restait, son mari lui ferait du mal ; elle avait longtemps eu une vague peur, mais la nuit dernière l'avait fait trembler ; à supposer qu'il s'éclate ainsi alors que l'homme n'est pas à ses côtés ! Elle tremblait maintenant en descendant.

« Bébé doit se taire », murmura-t-elle ; mais comment bébé pourrait-il le savoir ? Alors qu'ils passaient devant la porte de son mari, son étreinte effrayée et étroite alarma et blessa l'enfant, et elle poussa un terrible rugissement. Margaret se dirigea vers la porte d'entrée ; aucune clé n'était là ; elle se tourna vers le tiroir pour regarder et trouva son mari à côté d'elle.

"Où vas-tu?" tonna-t-il en lui tenant l'épaule comme dans un étau.

"Je sors", répondit-elle en essayant de parler, tout en frémissant de peur.

"Tu ne sors pas par cette porte ! et d'ailleurs comment peux-tu sortir avec ton précieux enfant sous la pluie ?"

La pauvre Margaret leva les yeux et là, en effet, elle vit qu'il pleuvait beaucoup.

Son cœur se serra et elle s'arrêta, indécise.

À ce moment-là, la clé tourna dans la serrure et l'homme entra.

"Je suis allé chez le médecin et il vient directement", dit-il, et avec un sentiment de perplexité, mais seulement pour le moment, la pauvre Margaret monta ses marches fatiguées à l'étage.

Elle était surexcitée et pleurait avec cette passion qui vient de la faiblesse comme du désespoir.

Puis elle a laissé son enfant à l'étage et s'est préparée à voir le médecin. Grâce à lui, elle pourrait sûrement arranger quelque chose.

Personne, se répétait-elle, ne souhaiterait qu'elle reste avec un fou, personne ne pouvait lui laisser un enfant.

Et elle se rendit au salon, et lorsqu'elle entendit le docteur arriver, elle s'enfuit précipitamment vers lui et l'emmena à l'étage dans sa propre chambre. Elle lui exposerait tout et il l'aiderait.

Et lui, voyant son visage rouge et sa grande excitation, se demanda si elle allait lui parler d'une de ses propres maladies ; et conscient d'un certain préjugé contre elle, à cause de son mariage avec cet homme, et des adieux dont il avait été témoin entre elle et Sir Albert Gerald.

CHAPITRE IX.

Depuis cette première entrevue que le Dr Jones avait eue avec la pauvre épouse, ses sentiments d'admiration et de pitié avaient beaucoup changé.

L'explication de sa position la faisait considérablement baisser à ses yeux. Peut-être que personne ne voit plus le vide total de la vie et l'inutilité de la richesse qu'un médecin, qui voit à quel point elle apporte peu de bonheur à quiconque ; combien peu (en étant isolé) il fait peu pour la pauvre humanité.

Il fut dégoûté lorsqu'il vit qu'il n'y avait apparemment aucune excuse pour elle ; et il fut choqué lorsqu'il vit un adieu entre elle et un jeune homme alors qu'il passait devant la boutique de M. Skidd, car il s'agissait manifestement d'un amant. Il ne pouvait pas voir son visage, mais l'expression de Sir Albert était indubitable.

Margaret, n'ayant aucune idée de sa froideur et de sa désapprobation évidente, se sentait difficile de parler, bien plus difficile qu'elle ne l'avait pensé.

"Je veux te parler," dit-elle, rougissant sous son regard inquisiteur. "Je veux vous parler de mon mari. Je suis très malheureuse et j'ai très peur."

« Humph ! » dit le docteur Jones, laissons la misère de côté et parlons de vos peurs ; qu'est-ce qui vous fait peur ?

"La violence de mon mari. Il a été très violent hier et ce matin ; j'ai peur qu'il me fasse du mal, j'ai peur à cause de mon enfant", et Margaret frissonna.

"Qu'est-ce qui l'a rendu violent ?"

"Il ne supporte pas que je sorte. Il ne me permet jamais de sortir, je suis prisonnier ici !"

Il se souvenait de l'avoir accompagnée et, dans son cœur, il croyait qu'elle lui mentait délibérément.

"Pourquoi veux-tu sortir ?" » demanda-t-il grossièrement. "Qu'est-ce que tu veux dire par 'sortir' ?"

"Je veux voir ma sœur plus souvent."

Encore un mensonge, pensa-t-il. "Pourquoi ne le braves-tu pas et ne pars-tu pas ?" dit-il en l'essayant ; "tu pourrais le quitter complètement."

"Parce qu'on me dit que si je pars, il peut garder mon enfant !" » dit Margaret avec passion.

"Bien sûr qu'il le peut."

"Cela semble si difficile", dit-elle.

"Vraiment ? Je ne suis pas d'accord avec vous ; pourquoi un homme serait-il privé de son enfant pas plus qu'une femme ?"

"Mais si un homme... est... fou ?" murmura la pauvre Margaret.

" Oh, c'est là que vous êtes, n'est-ce pas ! Eh bien, je ne pense pas que ce mot soit applicable ici. Il y a de l'humeur et il y *avait* de l'alcool. Vous me pardonnerez d'avoir dit que, lorsque vous avez épousé M. Drayton, vous l'avez pris pour pour le meilleur ou pour le pire. Je ne pense pas que sa santé soit bonne, et son caractère est... enfin, irritable, c'est le pire.

"Alors tu ne peux pas m'aider !" et la pauvre Marguerite, qui avait beaucoup espéré de lui, se sentit cruellement déçue.

"Comment puis-je t'aider?" » demanda-t-il avec impatience. "Vous souhaitez que je dise, *pour une raison qui vous est propre* , que votre mari est fou - ce que je n'ai rien vu pour prouver - et je ne dirai *pas* ce que je ne crois pas."

"Je ne souhaite pas que vous le disiez; je ne souhaite rien d'autre que ce qui est vrai et juste: mais je ne peux pas comprendre comment vous, un médecin expérimenté, pouvez penser que M. Drayton a tout à fait raison", a plaidé Margaret; "Si seulement vous pouviez le voir comme je l'ai vu !" » et elle s'arrêta, craignant de trahir son émotion à quelqu'un qui manquait si manifestement de sympathie.

"Bien sûr, si je le voyais de vos yeux", commença froidement le médecin, d'autant plus sur ses gardes qu'il avait conscience que malgré la désapprobation, malgré ce qu'il savait et ce qu'il avait vu, il commençait à être influencé par son appel passionné à lui.

"Nous n'avons pas besoin de discuter de cette question plus longtemps", dit Margaret en se levant et paraissant très blonde et très pâle alors qu'elle se tenait en pleine lumière du matin. "Pour une raison inconnue — que je ne connais pas — tu n'es pas mon ami ; après tout, tu ne me connais pas. Si je trouve ma vie insupportable, j'ai des amis qui m'aideront !"

"Maintenant, Mme Drayton, répondez-moi à une question claire," et le docteur, se levant également, la regarda avec une curieuse expression de méfiance mêlée et d'intérêt croissant : "De quoi vous plaignez-vous ? Votre mari est-il dur avec vous. Vous a-t-il déjà fait du mal ? »

Pauvre Marguerite !

« Il est dur », dit-elle avec hésitation dans la voix ; "il utilise un langage nouveau pour moi. Mais si vous ne voyez aucune étrangeté dans ses manières..." Sa voix s'éteignit, ses espoirs s'étaient évanouis ; elle avait une peur horrible et indéfinissable : elle avait vu dans ses yeux une sauvagerie qu'elle avait vue à un moindre degré lorsqu'elle l'avait connu pour la première fois ; mais nos propres convictions, qui ne sont étayées par aucun fait, ne sont pas concluantes pour les autres – et le Dr Jones, voyant en elle une femme très charmante, mais évidemment capable de tromper, et qui n'hésitait pas à dire qu'elle n'avait aucune liberté, quand il l'avait vue seule et dehors, était dur contre elle.

Il a fait la loi avec toute l'autorité d'un homme pleinement conscient d'avoir le droit pour lui.

"Madame, si vous avez un grief concret - si jamais votre mari vous frappe ou vous maltraite de quelque manière que ce soit - alors je trouverai le moyen d'intervenir en votre faveur ; la loi vous protège dans un tel cas."

"Oui," répondit Margaret avec amertume, "vous interviendrez, et la loi me protégera (?) lorsque je serai blessé; il n'y aura aucune aide pour moi tant que le besoin d'aide n'aura pas disparu."

Elle s'inclina et le quitta, sachant que ses paroles étaient inutiles, et alla essayer de se réconforter et *de* supporter son sort sans murmurer. N'avait-elle pas péché, et contre toutes ses convictions, les yeux ouverts et craignant précisément cela !

"Quel esprit illogique elle a", dit le Dr Jones, alors qu'il descendait les escaliers, confortablement satisfait d'avoir été ferme et que sa grâce, le pathétique de sa voix et sa grande beauté avaient été ignorés. La justice, sans aucun doute, était de son côté, pensait-il.

Mais alors qu'il montait la dernière marche, quelque chose lui fit comprendre qu'il y avait peut-être une part de vérité dans ce qu'elle disait. Même si elle lui avait dit un mensonge délibéré, tout n'était peut-être pas faux.

Il a changé d'avis et a décidé de rentrer chez lui immédiatement, et il est allé voir M. Drayton à la place. Il le trouvait très calme, plutôt déprimé, sans la moindre trace d'excitation dans ses manières.

Rien, au cours de l'entretien, ne s'est produit qui puisse donner la moindre couleur à la crainte de l'épouse ; et le docteur partit, parfaitement convaincu dans son esprit que Mme Drayton avait tout à fait tort, à plus d'un titre.

Juste au moment où il atteignait la porte d'entrée et était plein de bon sens, il entendit un son qui le surprit, un rire fort et dénué de sens, et alors que la porte d'entrée se refermait sur lui, tirée par sa propre main, un rapide : Une vive appréhension traversa son esprit, et il regretta d'avoir vu le domestique. Il ne l'avait pas jugé nécessaire. Mais ses propres convictions chassèrent bientôt cette pensée soudaine, et le résultat de sa visite fut de confirmer ses vues et de donner lieu à de nombreuses réflexions morales sur la manière dont des défauts flagrants peuvent être marqués par des avantages personnels inhabituels.

Sa femme, qui était astucieuse et généreuse, mais qui n'avait pas cette profonde estime de ses talents qui contribue grandement à rendre les relations conjugales heureuses, s'intéressait à la pauvre épouse et à la mère vivant dans une manière si singulièrement isolée. Elle ne l'avait vue, personne n'ayant jamais été autorisé à entrer au Limes, selon le souhait et le consentement de Margaret, lorsqu'elle avait découvert que son mari avait une tendance terrible, et qu'elle n'aurait aucune envie de modifier si elle avait pu le faire. alors, maintenant, la peur avait changé.

Mme Jones n'était pas une grande admiratrice des capacités de son mari ; en fait, elle avait vécu jusqu'à le trouver particulièrement ennuyeux dans bien des domaines ; mais il était très gentil avec elle et admirait énormément sa rapidité, de sorte que même si la balance était du mauvais côté, elle était toujours là.

Tout ce qui se passait dans son esprit, elle pouvait généralement le lire assez clairement, et il ne s'y opposait pas. Il était toujours plutôt soulagé quand elle mettait son esprit dans une certaine perplexité ; et, bien qu'en ce qui concerne les cas médicaux, il fût très discret, il y avait des occasions, dont celle-ci en était une, où c'était un réconfort substantiel de voir son mode d'action approuvé par elle.

Mme Jones était une de ces femmes qui n'avaient pas envie de repas prolongés, et c'était toujours pour elle une épreuve de la réflexion et du grand plaisir manifesté par son mari à ces occasions. Certaines personnes n'ont aucun talent pour manger, et sans lui, Mme Jones n'aurait jamais subi cette cérémonie, à laquelle tant de gens s'accrochent, qui consiste à présenter une succession de plats les uns après les autres, comme s'il était impossible d'avoir une chose et une autre. finissons-en, disait-elle elle-même ; et son déjeuner se composait le plus souvent d'une pomme ou deux qu'elle croquait entre ses fines dents blanches et d'un biscuit dont la dureté mettait à l'épreuve leurs capacités.

Mais elle fut assez sage pour comprendre qu'un bon dîner était réellement essentiel pour M. Jones, et, sans s'en soucier elle-même, elle se lança dans le sujet, et le résultat fut tout à fait satisfaisant.

Elle supportait les repas prolongés, dans lesquels sa démolition rapide était un grief permanent, avec un peu de travail sur ses genoux, travail qui employait ses doigts actifs et lui laissait l'esprit libre de s'appliquer à l'un des intérêts de son mari du moment.

Il avait autrefois considéré que ce n'était « pas tout à fait la chose » et avait remis en question son bien-fondé.

"Mais c'est bien mieux pour toi, si seulement tu pouvais le voir", avait-elle répondu. "Le travail ne m'empêche pas de parler, mon dîner non plus", argument inattaquable.

M. Jones en était même venu à considérer que cet arrangement présentait un grand mérite, puisque sa femme ne le pressait jamais maintenant, ni ne montrait par de petites indications féminines que le temps semblait long.

« Je suis heureux, ma chère, » dit-il, lorsqu'il fut arrivé à cette étape agréable des affaires où son appétit était partiellement satisfait et n'était pas encore rassasié, « je suis très heureux que votre connaissance avec Mme Drayton ne soit pas allée plus loin. ".

"Pourquoi?"

"Je crains, ma chère (en parlant bien sûr en toute confidentialité), qu'elle ne soit pas une personne tout à fait simple."

"Je ne connais pratiquement personne que je considère comme assez simple, moi-même", répondit calmement Mme Jones. "Qu'a-t-elle fait?"

"Je pense que vous faites une affirmation assez radicale, ma chère", dit-il en regardant avec un instant d'inquiétude un canard rôti ; ça avait l'air exagéré.

"Ne vous souciez pas de mes affirmations, mais dites-moi ce que cette pauvre chose a fait ?"

"Pourquoi dites-vous cela, *la pauvre* ? Je ne vois vraiment pas pourquoi elle serait à plaindre."

" N'est-ce pas ? eh bien, oui. Appelez-vous la vie qu'elle mène une vie convenable pour une jeune créature probablement habituée à toute la liberté d'une vie à la campagne en Écosse ? Je pense souvent à elle, et je déclare parfois que j'aimerais pour me frayer un chemin dans cette lugubre maison et en sortir elle et son enfant. Mme Jones parlait avec une véhémence assez surprenante pour son mari.

"Vraiment, ma chère," dit-il, "les conclusions rapides auxquelles vous arrivez sont... déconcertantes pour mon mode de pensée plus lent. Vous avez vu Mme Drayton une fois, et vous êtes immédiatement prêt à lui attribuer la lassitude, et le La maison est une maison substantielle et très bien meublée, et...."

"Pensez-vous que les rideaux et les tapis peuvent rendre une femme heureuse ?" » demanda sévèrement Mme Jones.

"Ils font quelque chose dans ce sens, je pense, à en juger par votre propre grande anxiété à ce sujet."

M. Jones avait une raison pour cette déclaration.

"Tout ce que j'ai à dire, c'est que le cœur de cette pauvre jeune créature est brisé, oui, brisé. Je n'ai jamais vu quelqu'un d'aussi profondément et complètement misérable qu'elle."

M. Jones a été surpris mais pas convaincu.

"Je l'ai vue l'autre jour, mais sans lui parler", a poursuivi M. Jones. "Elle est allée chez Skidd, et j'y allais aussi, mais comme *vous* vous opposiez à ce que je sois mêlé à elle, je me suis retiré. Une de ses amies s'y rendait pour affaires, et elle l'a accueilli, et j'ai vu son visage, et son expression me hante depuis."

"Comme vous l'avez vue de vos propres yeux, vous pouvez comprendre que lorsqu'elle parle de ne jamais sortir, ce n'est pas une déclaration parfaitement vraie", et M. Jones, qui avait hâte de voir ses propres appréhensions apaisées par son femme, ôta ses lunettes, effaça les lunettes imaginaires de leur surface polie et les remit en place.

"Une hirondelle ne fait pas l'été", a déclaré Mme Jones, avec autant de mépris dans ses paroles qu'elle le jugeait convenable. "C'est un fait connu de tous ici qu'elle n'a été vue qu'une seule fois et qu'elle est gardée exactement comme si le Limes était une prison et son mari un geôlier."

"Vraiment, ma chère, de nos jours, de telles expressions sont tout à fait absurdes."

"Le fait qu'ils soient absurdes ne les rend pas faux, et j'espère que si vous pouvez aider cette pauvre chose d'une manière ou d'une autre, vous le ferez."

"Si elle est sortie une fois, elle pourra le faire à nouveau."

"Pas du tout une certitude ; elle a peut-être réussi à y parvenir une fois, et pourtant, parce qu'elle l'a fait, cela peut lui être rendu impossible."

"Il me semble, ma chère, que vous en savez plus que je ne l'imaginais", dit le Dr Jones avec une perception soudaine qui pour lui était vraiment aiguë.

"Je sais ceci, que M. Drayton a refusé l'hébergement de sa sœur lors de la pire nuit que nous ayons eue ; que les sœurs sont orphelines et dévouées les unes aux autres ; qu'une sœur est malade et que l'autre est prisonnière, donc elles ne peuvent pas se rencontrer. " Ils ont un ou deux amis, et la seule chose qui me laisse perplexe est de savoir pourquoi les amis n'interviennent pas. "

"Ma chère", et le Dr Jones parla avec une grande irritation, "comment peut-on intervenir ? Il n'y a rien de mal chez cet homme. Je l'ai vu aujourd'hui. Je ne vais pas le proclamer fou pour plaire à sa femme ou à quelqu'un d'autre. un autre."

"Alors elle t'a fait appel ?"

"Elle m'a raconté une longue histoire. Elle voulait plus de liberté. Comment puis-je intervenir ?"

"Et elle vous a demandé si son mari était... *ça* ?"

"C'était quoi ?"

"Fou."

"Elle a dit quelque chose, mais comme je l'avais vue sortir et qu'elle avait dit qu'elle ne pouvait pas sortir, je ne me sentais pas très enclin à prendre son avis sur la question", dit obstinément le médecin.

"Pourquoi as-tu des préjugés contre elle ?"

"Parce que je l'ai vue rencontrer l' *ami* dont tu parles, et j'en ai tiré mes propres conclusions."

" Eh bien, vous devriez avoir honte de vous-même, " dit très chaleureusement Mme Jones, " complètement honte de vous-même. En fait, la rencontre était un pur accident. M. Skidd a publié de la poésie ; il m'en a parlé. Au début ; en fait, il m'a montré le premier poème et m'a demandé ce que j'en pensais », a déclaré Mme Jones, non sans un petit éclat de satisfaction pardonnable. "Je pensais que c'était beau. Puis le rédacteur en chef d'un magazine à Londres est venu et s'est arrangé pour que tout ce qu'elle écrivait. Il a appelé par accident et a rencontré Mme Drayton, et ils ont parlé affaires. Comment pouvez-vous mettre une construction aussi méchante sur une chose si simple que je ne peux pas comprendre.

"Ma chérie, j'ai vraiment—en mettant deux et deux ensemble—je pensais——"

"J'aurai peur de parler à qui que ce soit maintenant, de peur que vous y voyiez du mal, à M. Paul Lyons, par exemple, je refuserai de lui serrer la main."

"Ma chérie, j'aimerais que tu ne prennes pas une telle tangente. C'est une tout autre chose. Tu n'es pas à sa place, tu n'es pas jeune et belle, et... Qu'est-ce qui se passe donc maintenant?"

Sa femme sortit précipitamment de la pièce et dédaignait de lui répondre.

Pendant ce temps, Jean affrontait courageusement toutes ses difficultés. Sa principale difficulté était qu'elle avait affaire à une femme qui se présentait sous la forme d'une propriétaire qui était ce que Jean appelait une créature « glissante ». Quand elle s'aperçut que Jean s'occupait des choses, elle fut impertinente ; mais cela n'a eu aucun effet. Jean regarda par-dessus sa tête et l'ignora complètement.

Puis elle s'est mise à être désobligeante et n'a voulu ni répondre à une cloche ni apporter aucune aide. Son geste suivant fut de laisser le feu de la cuisine s'éteindre perpétuellement, et quand Jean voulait faire chauffer de la soupe et faire chauffer quelque chose, il n'y avait pas de feu.

Elle a calculé que comme Grace était très malade et ne pouvait pas être déplacée, elle en tirerait le meilleur parti à long terme.

Mais Jean n'était pas une femme qui se laissait mettre à l'écart sans donner son avis et sans essayer d'y remédier. Elle avait un grand mépris pour la voix « fade » et les manières désordonnées de Mme Cripps, une femme qui vivait avec une casquette noire et ne connaissait rien d'autre que le pain du boulanger et ne pouvait ni faire « un scone ni même de l'avoine ». du pain, que ce soit des banniques", dit un jour Jean à Grace alors qu'elle s'attardait sur les défauts de la maison.

"Je suis heureuse", dit Grace en riant. "Je n'ai jamais aimé le pain à l'avoine. J'ai toujours l'impression, si jamais j'essaie d'en manger, que je mange du sable ; ne soyez pas offensé s'il vous plaît."

"Je ne serai pas offensé là où il n'y en a pas", dit doucement Jean; "et les gens ne sont pas nés avec bon goût."

La propriétaire essayait en vain de parler son anglais raffiné et de se mettre au-dessus d'elle. Il y en a beaucoup comme elle qui ne font pas la distinction entre provincialisme et vulgarité. Jean avait la langue toute prête, et bien qu'elle assurât à Grâce qu'elle la gardait bien entre ses dents, l'hôtesse l'entendait de temps en temps et la sentait dans toute sa rudesse.

Les escarmouches étaient invariablement amusantes pour Grace, qui avait l'habitude de s'allonger sur sa chaise et de rire des scènes qui suivirent, et de les raconter à Paul Lyons, qui montrait combien peu d'amour réel avait existé pour elle par la manière dont il en venait encore à voir elle et d'entendre parler de Margaret.

Elle ne pouvait s'empêcher de se demander ce qu'elle gagnait dans tout ce malheur ; elle était toujours aussi mal en point. Elle dépendait toujours de M. Sandford. Elle vivait dans un petit logement. Elle n'aimait pas le médecin et ne le verrait jamais si elle pouvait s'en empêcher, et la sœur, qui avait été toute sa vie son seul grand soutien et soutien, n'avait pas la liberté de venir la voir.

Elle avait planifié sa vie si différemment, et cela se présentait clairement devant elle. Comme elle avait toujours été fière de son intelligence, qui, longuement mise à l'épreuve, avait échoué dans tous les détails. Mais une fois ressaisie, elle n'était pas du tout de nature à s'attarder sur des choses désagréables. Le premier jour où elle est sortie, elle s'est rendue au Limes, emmenant Jean avec elle, et ils ont demandé Mme Drayton.

"Mme Drayton est sortie", dit le domestique, qui n'osait pas dire le contraire.

"Hoot ! mec," dit Jean, "tu n'as pas besoin de me dire ça. Eh bien, Mme Drayton ne sort jamais."

"Fermez cette porte immédiatement", cria une voix en colère, et M. Drayton, l'air très hagard et sauvage, se dirigea vers la porte.

"Ma sœur ! Je veux voir ma sœur", et Grace tendit les mains d'un air implorant.

M. Drayton descendit les marches et la regarda ; puis il fit une grimace parfaitement diabolique, éclata de rire et lui claqua la porte au nez.

Grace, faible et terrifiée, s'accrochait à Jean alors qu'ils rentraient chez eux. "Que devons-nous faire ? Que devons-nous faire ?" elle a sangloté. "Oh, Jean ! cet homme est fou, et elle, ma pauvre Marguerite, est en son pouvoir !"

"Whist, mon cher enfant", dit Jean, qui était elle-même au bord des larmes. "Whist ! Je pense que nous serons guidés", dit-elle avec révérence, et elle resta silencieuse pendant quelques minutes. "Je doute que nous devions parler à la police", a-t-elle ajouté, alors que cette brillante idée venait la consoler.

Grace écrivit une lettre à Mme Dorriman ce soir-là, dans laquelle elle lui raconta pour la première fois tout ce qu'elle savait, tout ce qu'elle craignait ; elle a exprimé sa gratitude pour toutes les bontés qu'elle avait reçues ; pour la première fois, elle reconnut qu'elle était responsable, et elle demanda à exprimer quelque chose de son sentiment à M. Sandford.

Cela fait, elle se sentit plus heureuse que récemment et se leva le lendemain avec la certitude que d'une manière ou d'une autre la liberté de sa sœur serait assurée.

M. Lyons a appelé tôt et a été ravi de recevoir sa confiance. Pourrait-il aller appeler ? Il ne pouvait sûrement y avoir aucun mal, demanda-t-il avec inquiétude ; cela pourrait faire gagner du temps.

"Cela ne ferait qu'empirer les choses pour ma sœur", a déclaré Grace, "et vous ne feriez rien de bon."

"Mais cela montrera qu'elle, que ta sœur, a des amis près d'elle."

"Ce simple fait pourrait l'inciter à plus de violence, et ma sœur en souffrirait."

"Je pourrais aller *le voir*. Je ne crois pas qu'il serait violent si je le demandais. J'ai peur qu'il me connaisse, sinon je pourrais prendre quelques circulaires et lui rendre visite pour affaires."

"Comme si tu connaissais les affaires."

"Je vous assure que j'ai travaillé très dur ces derniers temps. J'ai abordé la question de l'emploi très sérieusement."

"Je doute que tu aies fait quoi que ce soit de sérieux", rit Grace.

"C'est plutôt dur pour un gars, quand il a vraiment essayé."

"Allez, M. Lyons, qu'avez-vous essayé ?"

"Je me suis proposé pour commencer comme agent. L'agence est une très bonne chose. Vous ne dépensez pas d'argent vous-même, et l'argent des autres vous colle aux doigts ; c'est vraiment une chose très simple."

"Et pour quoi êtes-vous agent, puis-je vous demander ?"

"Oh ! le rendez-vous n'est pas confirmé, mais je pense que je suis sur le bon chemin. Peu importe ce que c'est, du moment qu'on peut amener les gens à acheter. J'ai en ce moment deux choses devant moi, de et j'ai vraiment une très bonne chance."

"Avez-vous?"

"Etes-vous suffisamment intéressée, Miss Rivers, pour entendre de quoi il s'agit ?"

"Je fais de mon mieux pour vous montrer mon intérêt en vous écoutant des deux oreilles."

" Ah ! mais vous *ne m'accordez pas* toute votre attention. Vous tricotez, et tout à l'heure je vous ai entendu très distinctement compter cinq. Un garçon ne peut pas parler de ses perspectives à une fille alors qu'elle en compte cinq, " dit M. Lyons, en un ton de dégoût et un regard autour de la pièce faisant appel à un public imaginaire.

"Je ne compterai plus, seulement cette fois. J'ai déjà commis une erreur." et Grace fronça le front et resta absorbée par son travail pendant quelques instants.

"Miss Rivers, laisserez-vous vraiment un homme vous parler ? La vie et la mort ne dépendent pas plus ou moins de quelques points de suture."

"Non, mais une chaussette oui ; et la chère Mme Dorriman a pris tant de peine pour m'apprendre à en fabriquer une."

"Vous êtes toujours en train de tricoter", dit le jeune homme avec mécontentement.

"Non, seulement quand je me sens très bien", répondit-elle gravement; "Ensuite, je tricote toutes sortes de choses dans ma chaussette."

"Quel genre de choses... des couleurs ? Cette chose me semble toute de la même couleur."

"Oh, je ne parle pas de choses matérielles, mais de chagrin et de pénitence - et du repentir le plus amer", ajouta-t-elle les derniers mots d'un ton plus bas, et ses yeux étaient cachés sous les paupières baissées ; puis elle soupira.

M. Lyons soupira également, il avait une très bonne idée de ce à quoi elle faisait référence.

« Pour en revenir à vos souhaits, » dit Grace en riant un peu, pour emporter un sentiment de gêne d'avoir montré de l'émotion ; "Que veux-tu me dire?"

"Cela semble un peu frivole maintenant. Je voulais seulement dire que j'ai essayé d'entrer dans toutes les agences auxquelles vous pouvez penser. J'ai parcouru régulièrement l'alphabet et sélectionné tout ce à quoi vous pouvez penser. C'est assez étonnant combien les choses là-bas doivent être démarchées. J'ai fait les W hier, et les X et les Y aujourd'hui, j'ai retiré les W à leur tour à cause du nombre énorme d'entreprises qui vendent ou veulent vendre du vin ; seulement du vin buvable ; et c'est un sujet que je connais un peu.

"Et tu n'as rien ?"

"Beaucoup moins que rien. Une question a été posée : présentations, références, et, comme je n'avais jamais pensé à une introduction et que je ne pouvais me référer à personne quant à mes capacités, j'ai été retiré. J'ai rencontré la politesse, je dirai "Je portais mon plus beau manteau, et ça raconte", dit-il d'un ton de satisfaction.

"Peut-être que quelque chose pourrait arriver," répondit Grace avec gaieté.

" Je l'espère ; voyez-vous, je n'ai jamais pu faire autre chose que signer mon nom : mon écriture est tout simplement abominable. Il m'est arrivé d'avoir mon adresse et ma signature découpées dans ma propre lettre et collées comme le seul moyen de le faire. résoudre le problème de l'endroit où je vivais, et puis il errait parfois beaucoup avant de m'atteindre ; " et il rit à ce souvenir. Grace a ri avec lui.

"Mais quel est ton projet à l'égard de Margaret, ma pauvre sœur chérie ?" » demanda-t-elle, et son visage changea.

"Si j'étais agent pour quelque chose qui intéresse M. Drayton, je pourrais demander à le voir pour affaires, et si seulement je pouvais obtenir une recommandation ou une présentation avec lui, tout serait facile ; une fois dans la maison, je n'ai pas peur." Le jeune homme releva la tête et parut prêt à tout ce qui pourrait arriver.

Grace joignit les mains. "Je pense que c'est un très bon plan", s'est-elle exclamée, "et je peux vous aider un peu moi-même. Comment appelle-t-on une manufacture qui produit des odeurs horribles et tue des arbres, des plantes et tout."

"Des engrais artificiels ?" dit-il en sortant une liste de sa poche et en s'y référant.

"Oh, non," dit Grace avec impatience, "ça fait ressembler tous les arbres à des squelettes. Qui a déjà entendu dire que le fumier tue quoi que ce soit ? Il les fait pousser."

"J'ai parlé sans réfléchir, me rappelant seulement que cela dégageait une odeur épouvantable, suffisamment pour tout tuer."

"Eh bien, réfléchissez de toutes vos forces, ou, mieux encore, réfléchissez et donnez-moi votre liste - et si je voyais le nom, je le connaîtrais - et vous pourrez réfléchir en attendant", dit Grace, parlant très rapidement.

"Je l'ai!" s'exclama-t-elle en le montrant joyeusement du doigt et en lui tendant le papier. " Travaux chimiques ! Maintenant, n'oubliez pas, chimique, chimique, chimique - répétez-le encore et encore, de peur de l'oublier. Eh bien, M. Lyons, à Renton, il y a un énorme travail chimique, et M. Drayton avait l'habitude de le faire. y allez constamment. Je me souviens qu'il avait dit un jour qu'il avait investi de l'argent – une quantité d'argent – dans ces choses.

"Cela suffira alors", dit-il. "Je demanderai hardiment M. Drayton demain matin et lui demanderai s'il est toujours intéressé par les usines chimiques de Renton. Vous verrez, tout ira bien."

"Je prie pour que ce soit possible. J'écrirai une longue lettre à ma pauvre chérie et la prierai de me dire exactement où en est l'affaire. Elle a tellement d'esprit que je ne comprends *pas* qu'elle ne vienne pas me voir. difficulté à affronter dont nous ne savons rien.

"Demandez-lui de suggérer elle-même un plan, si elle a besoin d'une aide quelconque", a déclaré le jeune Lyons.

"Oui, seulement elle est si horriblement consciencieuse qu'elle peut créer des difficultés. Son esprit semble si brisé."

"Entendre cet homme rire suffit amplement à donner envie de ne plus jamais rire. Cependant, maintenant que j'ai quelque chose de précis à faire, je me sens plus heureux. Oh ! si seulement tout va bien.

"J'espère que Lady Lyons n'est pas gênée par votre absence."

"Non, elle est bien habituée à mes mouvements erratiques. Au revoir, et si..."

Il s'arrêta, devint très rouge et sortit rapidement de sa présence.

CHAPITRE X.

Marguerite trouvait les journées s'écouler avec une monotonie qui lui était bien terrible. Parfois, son mari la rejoignait au dîner, mais elle ne savait jamais quand l'attendre. Parfois, il venait dans la crèche, où il s'asseyait pour la regarder, elle et l'enfant, en qui son amour (affamé dans toutes les autres directions) était si complètement centré.

Elle a appris à avoir horriblement peur de lui. Elle ne comprenait pas comment le médecin pouvait se réconcilier avec sa conscience en parlant de lui comme étant sain d'esprit ; il y avait une telle sauvagerie dans ses yeux et un tel flou dans son rire qu'elle frissonna d'effroi.

Elle oubliait la grande ruse qui constitue un si grand trait dans une sorte de folie, et, le regardant toujours avec des yeux nerveux, elle l'entendait parfois parler rationnellement sans s'en apercevoir, parce que son esprit était toujours tendu et que l'anxiété mentale était grande. susceptible de tout déformer. Il avait cependant généralement des accès de silence lorsqu'elle n'avait conscience que de ses yeux brillants sous ses sourcils hirsutes, et ces périodes de silence prolongées étaient bien, bien plus acceptables pour elle que son rire terrible. Chaque jour, elle priait de toute son âme pour avoir la santé et la force ; elle essayait, pauvre enfant, de faire son devoir, et, parfois pleine de pitié pour son évident suprême malheur, elle essayait de lui parler et de l'intéresser à leur enfant. Il la regardait sans cesse. Dans le jardin, où maintenant les fleurs printanières sortaient, où les oiseaux commençaient à gazouiller et à gazouiller, et où les arbres étaient verts, et un autre printemps était venu réjouir la terre.

Cela n'apportait aucune joie à son cœur, car il devait y avoir une corde sensible quelque part, et pour entrer dans le beau bonheur du printemps, les pouls devaient pouvoir battre un peu plus vite, et une certaine sympathie entre la grande nouvelle naissance de l'année et le l'âme doit être possible. La gaieté de la nature extérieure lui semblait presque une moquerie – tout comme la gaieté débordante d'une simple connaissance heurte celui qui est triste.

Ses écrits commençaient à être remarqués, et parfois sa nourrice, qui s'était montrée antipathique et méfiante au début, mais qui avait fini par l'aimer, réussissait à lui rapporter des lettres soigneusement écrites de Grace et des nouvelles du monde extérieur, bien que Margaret elle osait rarement lui demander de faire cette tentative, elle avait tellement peur qu'on lui enlève cet être humain en qui elle commençait à avoir confiance. Elle redoutait la nuit car, bien qu'enfermée avec son enfant, la nourrice dormant dans une chambre voisine, elle se réveillait souvent dans un paroxysme de terreur, pensant que d'une manière ou d'une autre son mari avait réussi à accéder à sa chambre et qu'il la menaçait. elle et son enfant.

Elle se promenait dans le jardin avec ses pensées tristes, observant son petit chéri, quand la sonnette de la porte d'entrée sonna si fort, un son si rarement entendu qu'il la surprit.

M. Drayton, qui avait l'habitude de s'asseoir dans une pièce à côté du hall d'entrée, dont la fenêtre dominait le jardin, entra comme d'habitude dans le hall pour s'assurer que personne ne sortait ni n'entrait, et entendit son propre nom mentionné par un ton péremptoire. et un homme à voix haute, qui exigeait une admission immédiate, pour le voir pour des affaires urgentes.

"Dites-lui que j'en ai fini avec mes affaires, je refuse de le voir."

"Mais vous serez extrêmement désolé si vous ne me voyez pas", dit l'étranger d'un ton encore plus fort. "Vous pensiez avoir gâché ces parts de travail dans le secteur chimique, mais vous avez été un homme bien plus intelligent que ce que nous vous croyions. Ces parts ont fait rire M. Sandford..."

"Entrez ici, entrez ici", dit M. Drayton en se frottant les mains avec joie. "Alors j'avais raison, et ce vieil imbécile avait tort, hah ! hah ! hah !" et il rit aux éclats.

L'étranger entra dans la petite pièce ; il avait du mal à croire, disait-il, que l'on s'était moqué de l'intelligence aiguë de M. Drayton. Quelles parts avait-il eu dans ces œuvres ? quels papiers devait-il montrer ? Peut-être que ce n'était pas une question d'importance. Si les actions avaient été vendues... pourquoi c'était un malheur, à moins qu'il ne puisse les racheter avant que la découverte, la grande découverte, soit connue.

"Quelle découverte ?" » demanda M. Drayton, dans un instant méfiant.

"Que tu avais raison et que tout le monde avait tort."

"Comment cette découverte a-t-elle été faite ?"

"Par expérience."

— Oui ; mais qui a fait l'expérience ?

L'étranger se pencha en avant et dit à voix basse : « Vous vous souvenez de votre manager, l'homme qui vous a quitté ?

"Souvenez-vous de lui ! Vous ne voulez pas dire qu'il est dans le pétrin de ce... ce canaille, ce... ce coquin." Puis les soupçons lui revinrent.

« Quel intérêt avez-vous dans tout cela ? » » demanda-t-il très en colère, en lançant un regard furieux à l'étranger.

" Intérêt ? vous ne pensez pas que je suis venu chez vous pour rien ; ce serait plutôt une bonne plaisanterie, " et il rit de bon cœur.

"Bien sûr que non, bien sûr que non. Mais pour quel motif ? Personne ne fait rien pour rien", et M. Drayton prit un air de sagesse, dans lequel la ruse était très visible.

— Je ne le pense pas, en effet ; et je ne travaille pas pour rien, je peux vous le dire. En premier lieu, un de mes amis a été traité de la manière la plus abominable, de façon choquante, honteuse !

"Par qui?"

« Par quelqu'un qui a un lien avec ces œuvres » (et je suis sûr que c'est vrai, se disait Paul Lyons, puisque lui, cet homme, a été lié à elles).

"Tu ne peux pas dire son nom ?"

"Non, je ne peux pas, cela gâcherait tous mes projets si je le faisais" (et ce serait le cas, pensa-t-il).

"Je ne crois pas aux amitiés désintéressées."

"Moi non plus, mais j'ai l'intention d'avoir une récompense."

"De moi, je suppose", et M. Drayton rit encore.

« De vous – et de quelqu'un d'autre. Si mes idées sont correctes – vous ne m'en voudriez pas un bon pourcentage, hein ?

"Comment appelle-t-on un bon pourcentage ?"

"Eh bien, j'en veux la moitié, j'en veux cinquante pour cent."

"Cinquante pour cent ! C'est un non-sens, un non-sens absolu."

"Vous n'avez pas le droit de dire des "absurdités"; et je pense que je perds mon temps" (ce qui est également vrai, c'est tout à fait merveilleux comme j'ai pu dire la vérité aujourd'hui), et Paul Lyons se sentit un peu ému. lueur de satisfaction à cette réflexion.

"Je ne sais pas où vous voulez en venir ;" et M. Drayton le regarda si furieusement que Paul Lyons pensa que s'il favorisait Margaret d'un tel regard, c'était suffisant pour lui faire une crise.

"Je conduis pour rien", a-t-il déclaré avec une très belle démonstration de colère. " Je ne prétends pas que je ne serai pas abominablement ennuyé si vous n'entrez pas dans cette affaire, car je vois comment gagner de l'argent, mais il me semble que vous n'avez pas de papiers à me montrer et que vous Je ne comprends pas beaucoup cette affaire ; je crois que je ferais mieux de partir : le temps, en ce qui me concerne, est trop précieux pour être gaspillé. »

Il se leva et fit un mouvement vers la porte. M. Drayton porta la main à son front ; il se sentait confus ; il ne pouvait plus jamais suivre une pensée pendant un moment, mais sa ruse le rendait désireux de la cacher.

"Vous pouvez arrêter", dit-il, parlant un peu plus lourdement et plus lentement. "J'ai des papiers à l'étage."

"Laisse ton serviteur les chercher."

"Non, certainement pas. J'irai moi-même."

Il quitta la pièce et Paul ouvrit la fenêtre, jeta un paquet et la referma.

Margaret a vu le paquet tomber, mais elle a aussi vu son mari à la fenêtre de l'étage ; aussi, au grand désappointement du jeune homme, elle continua à marcher, tenant la main de son petit, et n'y prêta aucune attention.

M. Drayton revint, tenant quelques papiers à la main.

"Pourquoi as-tu ouvert la fenêtre?" » demanda-t-il, et Paul vit que ses soupçons étaient de nouveau éveillés.

"Ouvrez la fenêtre!" répondit-il avec une grande présence d'esprit. "Mon cher M. Drayton, si vous disiez cela à quelqu'un d'autre, vous seriez accusé d'avoir des délires !"

M. Drayton le regarda et ne dit rien de plus. Paul prit les papiers et les parcourut ; c'étaient des listes rédigées de la propre main de M. Drayton ; et des listes qu'aucun homme sensé n'aurait écrites. Ici et là, un numéro est inscrit et une longue note décousue sur quelqu'un qui est censé l'avoir blessé ; des remarques sur un homme qui prenait diverses formes et qui lui faisait des grimaces diaboliques ; et des choses de ce genre.

Paul Lyons n'avait pas l'expérience des cas de ce genre ; cet homme, qu'il sentait fou (bien qu'ayant évidemment des intervalles lucides), était pour lui une nouvelle révélation ; mais son cœur battait violemment. Il avait vu le visage de la pauvre Margaret et avait reconnu qu'elle souffrait sous l'influence de l'enfermement et probablement de la terreur ; et il était sûr qu'il tenait entre ses mains des preuves qu'il fallait écouter, qu'il avait maintenant en sa possession ce qui devait assurer sa liberté.

Il affecta de chercher des papiers dans ses propres poches et dit négligemment, tout en les fourrant dans la poche de poitrine de son manteau : « Je vais les examiner et les comparer avec ce que j'ai à la maison. Dois-je vous trouver à demain à la maison, M. Drayton ? »

Il n'y eut pas de réponse, et levant les yeux vers lui, il vit qu'il regardait par la fenêtre avec un visage plein de méchanceté. Il y avait quelque chose d'horrible dans son expression alors qu'il regardait la pauvre Margaret, qui

avait vu le paquet et qui ne l'avait pas vu. j'ai encore osé le soulever. Elle en
était passée près une ou deux fois et l'avait poussé sous un buisson d'un coup
de pied négligent. Interloqué par ce signe d'animosité envers Margaret, Paul
Lyons ne savait que faire.

Il avait peur de lui aggraver la situation, et pourtant il ne supportait pas de
partir sans donner et recevoir un signe d'elle.

"N'est-ce pas votre femme ?" » demanda-t-il soudain. "Ne me la présenteras-
tu pas?"

— C'est tout à fait impossible, monsieur, tout à fait impossible. Ma femme
n'est pas là ; elle est folle, la pauvre, très folle.

"L'est-elle bien ? Eh bien, je voudrais quand même lui parler, je voudrais
m'assurer que ce n'est pas un autre des vôtres..." Il s'arrêta net.

"Un autre de mes... ! Terminez, je vous en prie, terminez, mon cher
monsieur ;" » et M. Drayton parla d'un ton de fureur réprimée.

"Illusions", dit calmement le jeune homme, essayant de se souvenir de toutes
les diverses théories sur la maîtrise d'un fou par l'expression de l'œil, et le
regardant fixement, conscient tout le temps de son échec.

Avec une fureur soudaine, M. Drayton se tourna vers lui : « Je crois que vous
êtes un imposteur, un imposteur, monsieur, entendez-vous ? et vous êtes
venu ici pour me faire du mal ; il s'avança vers lui d'un air menaçant.

« Monsieur, » répondit Paul, comprenant directement que ce n'était pas le
moment de plaisanter, « j'irai et je dirai à tout le monde que M. Sandford a
raison ; vous n'entendez rien aux affaires ; vous êtes abusif, et, en bref,
personne ne peut rien faire de toi. »

Pendant qu'il parlait, M. Drayton faillit le saisir, mais il avait la jeunesse et
l'activité de son côté, et il s'éloigna de lui et se tint près de la fenêtre, après
avoir renversé toutes les chaises.

"Maintenant, monsieur," dit-il, "j'ai l'intention de voir par moi-même si Mme
Drayton est folle." Avant que M. Drayton ait pu contourner les obstacles, il
avait ouvert la fenêtre, qui n'était qu'à quelques mètres du sol, et s'était posé
sur la pelouse près de l'endroit où Margaret, avec une anxiété mortelle à l'idée
que le paquet n'arrivât jamais en sa possession, se dirigea vers et bof... elle
avait toujours son enfant avec elle.

"Votre mari est fou", dit Paul dans un murmure précipité, "j'ai des preuves,
et vous serez secouru." Il se baissa et souleva l'enfant, impatient d'essayer
d'apaiser M. Drayton maintenant qu'il avait dit ces quelques mots à la pauvre
Margaret, et oubliant que l'enfant, peu habitué aux étrangers, pouvait avoir
peur.

Le petit, qui avait été inhabituellement agité toute la matinée, raison pour laquelle Margaret essayait de l'amuser au grand air plus longtemps que d'habitude, poussa les cris les plus perçants, et juste au moment où M. Drayton s'approchait presque d'eux. mousse à la bouche. Elle se débattit, donna des coups de pied et saisit la perruque, qui avait rendu Paul Lyons méconnaissable, même pour Margaret, et l'arracha, révélant ses cheveux bouclés.

Un rugissement parfait éclata de la part de M. Drayton.

Margaret, apaisant son enfant dans ses bras, regardait avec des yeux terrorisés le terrible combat qui s'ensuivait alors. L'un, plus lourd et plus fort de rage, et l'autre, souple et souple, le tenant tantôt à distance, tantôt se rapprochant de son adversaire. Alors qu'ils approchaient de la petite porte latérale, Margaret la vit s'ouvrir lentement et y aperçut le domestique.

En un instant, elle saisit le paquet et se précipita dans la maison et à l'étage, ne reprenant son souffle que lorsque les portes furent fermées derrière elle et qu'elle fut en sécurité dans sa chambre avec l'enfant, d'où elle pouvait voir la route.

La lutte continua et Paul fut presque vaincu lorsque le domestique intervint et, saisissant le bras levé de M. Drayton, dit à Paul de partir.

"J'irai si vous promettez de protéger Mme Drayton de ce fou jusqu'à ce que de l'aide lui vienne," haleta-t-il, meurtri et essoufflé, mais sentant que tout n'avait pas été un échec depuis qu'il lui avait donné de l'espoir.

"Elle ne fera pas de mal", a déclaré l'homme, "mais je ne vais pas m'arrêter. Je ne resterais pas avec lui", dit-il avec mépris, "pas pour le double de l'argent."

"Mais vous resterez jusqu'à ce que quelqu'un vienne, n'est-ce pas ?" » demanda Paul, plus effrayé que jamais.

"Il va falloir qu'il ait l'air vif alors", dit l'homme. "J'ai dit au médecin ce que je pensais et que c'était un cas d'asile, mais il n'a pas choisi, il n'a pas choisi de me croire, et je ne vais pas rester ici pour être assassiné, je peux vous le dire. C'est le travail de deux hommes de s'occuper de lui, et il est si rusé qu'il parle honnêtement au docteur quand il vient, et le docteur est en plus un imbécile.

Paul ne perdit pas de temps : il sortit précipitamment de la maison et se dirigea vers un hôtel, où il essaya d'effacer tous les signes de l'effroyable lutte qu'il venait de mener et de sortir devant son vieux bonhomme.

Quel devrait être son premier pas ? Il ne fallait pas perdre de temps : laisser Margaret, ne serait-ce qu'un jour, au pouvoir de ce fou était pour lui une horreur.

On ne pensait même pas à Grace ; serrant ses papiers, il se rendit chez le magistrat qui présidait le tribunal de grande instance, lui envoya sa carte et demanda un entretien. Au début, il fut reçu avec une suspicion naturelle, son visage était enflé et il avait l'air tout à fait mêlé à une mêlée, bien que sa tenue vestimentaire fût si soigneusement arrangée - mais le mérite de la réalité était là, et il dessinait avec des couleurs éclatantes. la situation de la pauvre Margaret et le traitement qu'il avait reçu, et ce qu'il craignait pour elle, dans un langage simple et sans exagération.

Le magistrat consulta son greffier et diverses autorités avec une délibération vraiment affolante.

"Je cherche un précédent", dit-il en levant les yeux vers le jeune Lyons qui trépignait presque d'impatience.

Il feuilletait les feuillets, d'avant en arrière, et lisait et relisait les passages que lui indiquait le commis. Puis il leva les yeux, une idée lumineuse lui étant venue, et, gardant son index sur une ligne particulière, dit :

"Etes-vous le parent masculin le plus proche de la dame ?"

"Non, je ne le suis pas. Son seul parent masculin est très malade en Écosse."

"Etes-vous un parent à elle ?"

"Non, je suis son amie."

" Mon *cher* monsieur, " dit le magistrat, " pourquoi prendre mon temps de cette façon ? Vous n'avez pas le droit d'intervenir ; il n'y a aucun précédent pour une telle chose, aucun précédent du tout ", et il se leva et resta debout en appuyant son les doigts sur la table et regardant Paul Lyons comme si son ignorance de la loi méritait presque de la compassion.

"Voulez-vous me conseiller, monsieur ? Que dois-je faire ? Ne pouvez-vous pas me dire comment je dois me mettre au travail ? Votre expérience peut sûrement m'aider."

"Non, monsieur; je ne peux vraiment pas prendre la responsabilité de faire cela. Les plus proches parents de la dame doivent s'en occuper. Vous feriez mieux de ne pas intervenir."

"Et si la dame n'a pas de relations ?"

"C'est, monsieur, une position... hum... la loi n'a jamais envisagé une telle position. Je dois vraiment vous prier de vous retirer maintenant, vous prenez le temps du (il allait dire tribunal mais il s'est corrigé)... vous prennent mon temps, monsieur.

Avec une colère cachée, le pauvre Paul le quitta et se retrouva dans la rue. Quelle était la bonne chose à faire ? Comment pourrait-il l'aider ?

Il est allé voir Grace pour la consulter ; elle a pleuré puis a ri et est devenue assez hystérique.

"Oh ! espèce d'idiot, je suis son plus proche parent, et je vais faire venir le médecin ; on me l'a envoyé, mais je me suis débarrassé de lui, je l'ai tellement détesté. Nous l'aurons ici, et je verrai bien. si je ne peux pas le convaincre de nous aider.

Elle écrivit un mot et l'envoya, et Paul, qui savait alors qu'il n'avait pas mangé depuis longtemps, partit à son hôtel, promettant de revenir rencontrer le médecin et de lui faire part de l'état des choses.

Le tableau qu'il avait dressé de la violence de M. Drayton remplissait Grace d'anxiété. Elle se déplaçait avec agitation, occupant son temps en s'essayant à diverses occupations et en les abandonnant les unes après les autres.

Jean, venant voir si elle avait besoin de quelque chose, la trouva fiévreuse, et quand elle entendit tout, elle était presque « démente », selon son expression. Elle parlait, faisait des remontrances et suggérait tout d'un seul coup. La police, ce serait une aide.

Lorsque M. Lyons revint, cette idée lui fut donnée par Grace, et il était enclin à penser que cela pourrait l'aider. Il partit chercher le commissaire et se heurta à de nouvelles difficultés.

Le commissaire lui demanda de quoi il avait peur et se moqua de l'idée qu'il soit appelé à protéger une dame qui ne s'était pas plainte. Pressé longuement par Paul, il dit :

"Je dirai à l'homme sur ce rythme de faire attention, et s'il entend des cris——"

"Bien sûr, il sera admis immédiatement", dit Paul avec empressement, horrifié d'entendre ses propres craintes exprimées en mots réels.

Le surintendant sourit, un sourire supérieur,

"Non, monsieur, il ne doit entrer dans la maison d'aucun homme à moins d'être *appelé*, ce serait enfreindre la loi."

"Alors il doit attendre que le meurtre soit commis avant d'intervenir."

"Eh bien, vous voyez, monsieur, les petites disputes et autres choses ne peuvent pas être perturbées à moins que l'une des parties ne demande de l'aide."

« Il me semble, » dit Paul, poussé presque au désespoir, « que les lois partout nécessitent de nombreux amendements. »

"Peut-être, monsieur, je suis sûr que je ne peux pas le dire, mais je dois veiller à ce que mes hommes fassent leur devoir et qu'ils ne le dépassent pas."

Paul retourna dire à Grace que l'homme sur le terrain devait être à portée de main, et heureusement, elle n'eut pas l'idée de se demander quel bien être à portée de main ferait pour Margaret. Mais elle avait appris par l'intermédiaire de la propriétaire que si deux médecins déclaraient M. Drayton fou, ils pouvaient obtenir une ordonnance d'un magistrat et le mettre sous séquestre.

— Après tout, vous avez fait bien plus que moi ; j'ai perdu ma journée et je n'ai rien fait, dit le pauvre Paul, assez fatigué. Grace ne le contredit pas ; loin de penser qu'elle avait fait grand-chose, elle avait l'impression que tous les véritables efforts, toutes les grandes épreuves étaient encore à venir.

Elle attendait avec impatience l'arrivée du médecin, se demandant, à sa manière habituelle, ce qu'elle devait dire et comment elle devait le dire.

A son arrivée, il fut surpris de la trouver assise alors qu'il l'avait imaginée très malade ; il s'arrêta net et la regarda, un peu impuissant : que lui voulait-elle ?

Comme on s'en souvient, il n'était pas habitué à beaucoup de beauté et se gardait toujours de se laisser influencer indûment par elle.

Grace n'était pas aussi belle que Margaret, mais elle ne ressemblait pas aux femmes ordinaires qu'il avait vues ; il s'était mis dans un groupe de dames d'un âge très moyen et, les voyant en privé, les voyait dépourvues de ces ornements qui cachaient au monde extérieur les ravages du temps.

Grace, avec ses cheveux ondulants tombant sur ses épaules, sa couleur exacerbée et ses yeux pétillants, lui portait directement préjudice.

Une si belle jeune femme doit être certainement très méchante. Le docteur Jones n'est pas la seule personne au monde à imaginer que la bonté et la simplicité vont de pair. Il se prépara donc dès le début à agir sur la défensive, et son ton, demandant : « Vous souhaitiez me voir, madame », était nettement agressif, et Grace, sensible et anxieuse, reconnut le ton et sentit qu'au début elle était rencontré une difficulté.

"Docteur Jones, vous avez vu et vous connaissez ma sœur, Mme Drayton."

"Je l'ai vue ; je ne peux pas dire que je la *connais* ; on ne peut pas connaître une personne simplement en la voyant un instant ou deux."

"Eh bien," dit Grace avec un peu d'impatience, "vous connaissez son mari, M. Drayton ?"

"Un peu ; oui, un peu, je le connais."

« Savez-vous qu'il est... fou ?

"Non, je ne sais rien de tel. Qui le dit, Miss Rivers ?"

"Je le *sais* ", a déclaré Grace, "et quelque chose doit être fait immédiatement !" Elle parlait avec une excitation croissante.

"Je ne comprends pas où vous voulez en venir."

"Le docteur Jones, un de nos amis y est allé aujourd'hui ; il a vu M. Drayton, et il m'a dit que si quelque chose n'était pas fait immédiatement, il était tout à fait certain que ma sœur souffrirait. J'ai peur pour son pauvre enfant."

« Est-ce qu'elle a peur pour elle-même ? demanda-t-il avec un sourire désagréable.

« Comment puis-je le savoir ? » dit Grace avec colère ; " il ne lui permet pas de bouger sans lui ; elle est bien prisonnière dans cette terrible maison, elle ne peut pas venir me voir ; elle s'est évadée une fois et il a pris des moyens pour qu'elle ne revienne plus jamais. Il ne lui permet pas de partir à l'église ou pour voir une seule âme. Il doit être fou, il est fou !

"Si j'étais M. Drayton et que j'avais une femme comme votre sœur, je ferais la même chose, Miss Rivers."

"Que veux-tu dire?" s'écria-t-elle avec passion.

« Miss Rivers, votre sœur ne m'a même pas avoué qu'elle était sortie une fois. Je l'ai vue ; je l'ai vue la rencontrer — je *sais* que c'était son amant, dans un magasin.

Grace le regarda pendant un moment, puis elle éclata de rire, hystérique.

"Pauvre Paul !" dit-elle; "Imaginez, imaginez seulement, être pris pour l'amant de Margaret !"

Le docteur Jones se leva ; il était extrêmement offensé.

"Vous et votre sœur, Madame, devez trouver un homme moins honnête pour vous aider à réaliser vos méchants projets contre le bonheur du pauvre M. Drayton. Je suis incorruptible !" et, la tête haute et un fort sentiment de résistance vertueuse à la beauté et aux flatteries, il se prépara à partir.

« Docteur Jones, » dit Grace, son éclat de rire terminé, « vous avez dit une chose très méchante et très ridicule, mais vous feriez mieux de vous en aller. Après avoir imaginé quelque chose de mal à propos de Margaret, je ne peux pas supporter de vous voir. votre seule excuse est que vous êtes probablement aussi fou que M. Drayton.

"Madame, vous pouvez maintenant jeter votre masque et être impertinente, mais rien de ce que vous direz ne m'émeut. Je ne déclarerai pas un homme fou quand je le crois sain d'esprit, pour vous convenir ou convenir à quelqu'un d'autre."

"Cela n'a aucune importance", dit Grace froidement et parlant selon l'inspiration du moment, "car l'homme que j'épouserai probablement si je deviens forte, l'homme que vous imaginez être l'amant de ma sœur, sera ici bientôt, et il amènera très probablement Sir Augustus Jermyn avec lui. J'ai une grande confiance en *lui* , et Sir Augustus préférera probablement nommer lui-même le deuxième médecin.

Le docteur Jones fut très surpris. Il était difficile, étant honnête homme, d'éviter d'être jeté avec un homme aussi éminent.

"Je... je n'aurais aucune objection à rencontrer Sir Augustus et à lui donner mon opinion. Je serais fier de l'aider à se faire un jugement."

"Je n'en doute pas", dit Grace sarcastiquement, "mais rien ne m'incitera maintenant à mentionner votre nom à Sir Augustus. Vous avez trop complètement préjugé et mal jugé ma très chère sœur. Vous la voyez rencontrer un ami, un ami très cher. attaché à nous deux, et tirez immédiatement des conclusions iniques. Laissez-moi ! Je ne vous pardonnerai jamais, et s'il arrive quelque chose à ma sœur, toute la responsabilité en incombera.

Le docteur Jones se retira, s'efforçant de se consoler en pensant qu'il avait agi uniquement par bon sens. Mais cette petite voix calme – cette voix qui peut être écoutée ou non mais qui est toujours là – l'a convaincu. Il savait que parce qu'il pensait que Margaret avait tort, il avait été résolu à ne pas être d'accord avec elle. Il devint carrément chaud à cause de tremblements soudains. Et si Sir Augustus venait et trouvait cet homme vraiment fou ! Son opinion serait désormais sans valeur, et, au moment même où il pensait cela, le souvenir du rire de M. Drayton lui était très inconfortablement présent.
Il n'en dit rien à sa femme ; il ne doit en aucun cas se rabaisser à son avis.
Lorsqu'il quitta la pièce, Grace commença à essayer de se demander si Paul avait déjà parlé de sa rencontre avec Margaret. Peu à peu, tout lui est venu.
Sir Albert Gerald avait dû la rencontrer, et ce reptile de médecin les avait vus se parler. À l'époque, elle l'avait oublié.
Comme la vie était difficile pour elle en ce moment, et les craintes pour Margaret lui venaient avec plus de force que jamais.

Jean entra dans la pièce, sa grande Bible sous le bras, les yeux brillants d'un air de contentement et de paix. Elle remarqua l'expression troublée de Grace et caressa ses longs cheveux.
"Mon enfant", dit-elle, "c'est un monde troublé parfois, je sais."

"Tout est envoyé pour le mieux", a déclaré Grace, exprimant la platitude la plus proche de ses lèvres en ce moment.

"Oh ! ne dis pas ça. Il ne faut pas dire ça. On se fait du mal, Dieu ne l'envoie pas. "

"Il le permet", murmura Grace.

"Bairn, je te le demande, et réponds selon ta propre conscience : qui nous a causé tous ces ennuis ennuyeux ?"

Elle se tenait comme une sybille inspirée, son visage brun et ses traits simples éclairés par une vérité divine, et Grace, levant les yeux, prise de conscience, ne pouvait que répondre à la vérité, lentement et solennellement :

"C'était moi, Jean, moi-même."

FIN DU VOL. II.